コロナ567は、ミロク369だった!

ウイルスの愛と人類の進化

88次元 Fa-A
ドクタードルフィン
松久 正

ヒカルランド

『シリウスランゲージ』（ヒカルランド刊）より４番「愛の欠乏」

テーマ「愛の欠乏」

これは地球人に一番大事なテーマだ。
シリウスのみんなは自分を愛することが一番得意。

地球人は本当はそれが本質なのに、
自分以外を愛したり、
自分以外のものから愛を受けようとする。
自分を全く愛せないということだ。

シリウスで「愛が乏しいもの、欠けたもの」に
愛を補充させるためのエネルギーは、
ピンク一色で濃淡がある。
周囲もピンクで、緑のイルカ的なエネルギーがいて、
白い光のエネルギーが飛び出してくるというイメージだ。

そして、心を喜ばせる。
あなたは愛の塊だよ、思い出しなさい、愛しかないんだよ、
フォーカスするのは自分だけだよ、
自分以外に存在しないよ、
あなたはピンク一色だよと、
ピンクがくるくると回り点滅したときに、
愛でいっぱいだったなと思い出させる。

《巻頭画像　解説》

コロナウィルスを愛の波動に変える、高次元ネオシリウスエネルギー曼荼羅

88次元 Fa-A ドクタードルフィン 松久正氏が、
自身のエネルギーそのものである高次元のエネルギー、
高次元存在、パラレル存在であるシリウスBの皇帝と、
ネオシリウスの女王のエネルギー体を降臨させ、
地球へもたらした「シリウスランゲージ」。

新進気鋭の曼荼羅アーティスト茶谷洋子氏との
コラボレーションにより、
高次元ネオシリウスのエネルギーが
パワーアートとなり3次元に形出しされた。

地球人が救いを必要とする14のテーマの中から
今回選ばれたテーマが、「愛の欠乏」。
高次元ネオシリウスの高波動パワーが
新型コロナウィルスを愛の波動に変える——。

はじめに

地球（三次元）は宇宙の中では低次元の星であり、いまの地球の知識と情報では、人類と地球は救われません。すべての神と宇宙存在を超える88次元意識エネルギーを有する88次元Ｆａ－Ａドクタードルフィンだからこそ、いまの地球に存在しない超高次元の教えを地球人に与えることができます。神々を修正する神ドクター、かつ、宇宙存在たちをリニューアルする高次元ドクターが、人類と地球のＤＮＡを書き換えて次元上昇させるのは、難しいことではありません。というよりも、私ドクタードルフィンにしか、いまの人類と地球を救うことはできないのです。

目次

カバーデザイン　浅田恵理子
編集協力　宮田速記
校正　麦秋アートセンター
本文仮名書体　文麗仮名（キャップス）

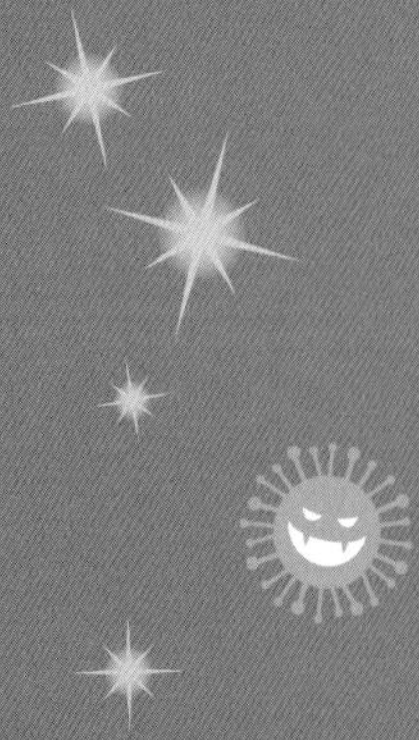

コロナウィルスの出現は
UFO（神出鬼没）の原理と
同じである！

コロナウィルスとミロクの世と光の環

コロナウィルスには、ミロク（369）の世を生み出すお役割があります。

コロナ（567）は、ミロクをあらわしています。

弥勒菩薩《みろくぼさつ》は釈迦《しゃか》の入滅後、56億7000万年後にあらわれると言われているからです。

『日月神示《ひつきしんじ》』でも、五六七をミロクと読ませています。

また、コロナとは、太陽の周囲をとりまく光のエネルギー輪のことを指し、世を輝かせる天照大御神《あまてらすおおみかみ》と卑弥呼《ひみこ》エネルギーでもあり、新しい人類と地球の誕生を意味しています。

コロナウィルスは、
生物兵器である、と、
言いたがる人がたくさんいます。

生物兵器を信じる人には、
それは正解になりますが、
信じない人には、
全くの夢物語です。

そもそも、高次元でみれば、
コロナウィルス自体は、
人類と地球を次元上昇させるために、

人間に学ばせてくれる、
愛と感謝を送るべき存在です。

でも、コロナウィルスは、
ネガティブ意識と共鳴する人たちには、
生物兵器という悪役になり、
ポジティブ意識と共鳴する人たちには、
仲良くすべき友となります。

そもそも、
生物兵器を信じる人が、
知るべきことは、
それを作り出す人たちは、

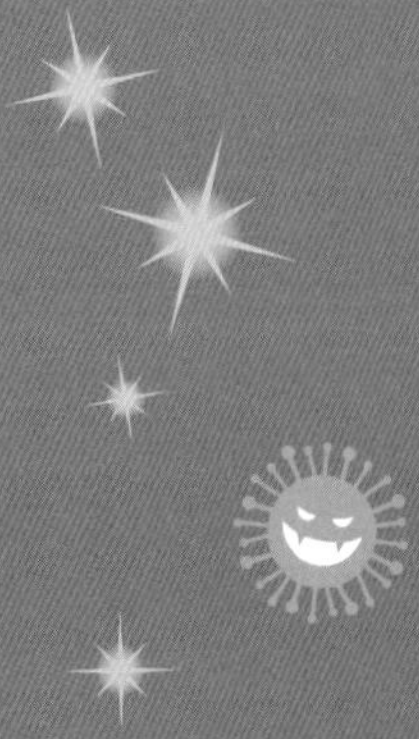

ホワイトホールは
高次元から低次元への
出入り口です！

悪役であって、悪人ではないということです。
すべては、お役割です。
すべては、善なのです。

UFOとウィルスはホワイトホールからあらわれる

私ドクタードルフィンは、いつもＵＦＯとコンタクトしています。
ネオシリウスの高次元宇宙飛行体たちが、毎日数十機、数百機とやってきます。
すごいです。私が彼らに語りかけると、光って応えてくれます。
ズバリ言います。ＵＦＯは遠くから飛んでくるのではありません。

時間も空間も超えた超時空間の次元から、地球空間のどこにでも存在しているホワイトホールを通り、光エネルギーとして出現し、次元を落とし、存在波動、振動数を変えて、物質変換して、いきなり目の前に瞬間にあらわれるのです。

ホワイトホールとブラックホールは同じ場所ですが、ホワイトホールは高次元から低次元に来る出入り口、ブラックホールは低次元から高次元に行く出入り口です。

どちらからどちらへ通るかで色の見え方が違うので、ホワイトホール、ブラックホールと私が呼んでいます。

このことは、量子力学者たちは誰も知りません。

私は、UFOが突然あらわれるのを見ることが頻回にあります。

私がいつも診療所から見るUFOは、遊びに来て、私に挨拶してくれるのですが、数秒前まで全く何もいなかったのに、私が目をやったときにパ

ブラックホールは低次元から
高次元への出入り口です！

ッとあらわれます。
私が見るところ、見るときにしかあらわれません。
それがUFOの実体です。
彼らは見せつけてきます。
彼らが見てよいと許可した人間にしか見ることができません。
実は、ウィルスも同じ原理で存在します。

ウィルスの真実をフェイスブックで公表する

このUFOの原理は、ウィルスと全く同じです。

咳をしたからウィルスが飛んでいくとか、握手したからとか、ドアノブにさわったからウィルスがうつったとか、いつまでそんな低次元に生きているのですか。

そんなことをテレビやメディアで偉そうに言っている学者も、医者も、メディアも全部バカだと私は公に発信しています。

彼らの言うことを信じる地球人はもっとバカです。

２０２０年１月30日に、私はフェイスブックでこういう文章を発信しました。

「いいね！」が８３９、「シェアする」が３１２つきました。

＊　＊　＊

88次元Ｆａ－Ａドクタードルフィンより、今の社会へ警告します！

（強力にシェア拡散してください。このメッセージが、今の地球を救うのです。シェア拡散する勇気を持ってください。）

彼ら（コロナウィルス）は、物質では
ありません！
バイブレーション（波動）です！

地球の皆さん、今メディアや学識者が言うコロナウィルスに対する考え方と対処法は、全く正しくありません。

それらは低い3次元の思考です。

真理の高次元思考では、ウィルスは、私たち地球人に大事なことを教えています。

悪とする勢力を、叩いたり、退けたりしたらダメです。

それらは、彼らを助長するだけです。

いつまで幼稚な医学をしているのですか？

いつまで低次元の人間をしているのですか？

彼らは、地球人に愛と調和を学ばせています。彼らのお役目です。

ウィルスにも、意識があるのです。

ですから、愛と感謝で彼らウィルスを受けとめるのです。

不安と恐怖で着用するマスクは、
全く役立ちません。
むしろ、攻撃されやすいのです。
まして病院に行って投薬される、
隔離されるなど、もってのほかです。

ありがとうと伝えるのです。

そうすれば、彼らは自己存在と使命を満足させ、みずから去っていくのです。消えていくのです。

彼らは、物質ではありません。

バイブレーション（波動）です。

ですから、不安と恐怖で着用するマスクは、全く役立ちません。むしろ、攻撃されやすいのです。まして病院に行って投薬される、隔離されるなど、もってのほかです。

ただ、穏やかに、自然体で、彼らと仲良くすればよいのです。

＊　＊　＊

この考え方は、コロナウィルスだけでなく、一般のウィルスにも、細菌にも言えます。ウィルスと細菌は生物学的に何が違うかというと、細胞壁

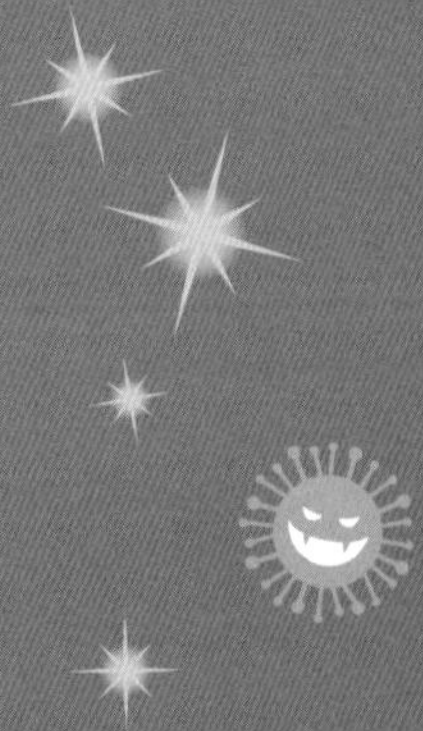

ホワイトホールから無限にコロナウィルスが誕生します。
ウィルスは伝播するのではありません。
マスクはもちろん通ってしまいます。

を持っているのが細菌で、細胞壁がないのがウィルスです。エネルギーの原理は同じです。

不安と恐怖によって、彼らは目の前にパッとあらわれて、ふえるのです。今クルーズ船は、メディアが不安と恐怖でたたいているから、ウィルスがふえるのは当たり前です。

ホワイトホールから無限にコロナウィルスが誕生します。伝播《でんぱ》でも伝染でもありません。

私のメッセージで、乗船している人の意識が不安と恐怖から愛と感謝に変われば、コロナウィルスたちは役割を果たし、喜んでブラックホールから瞬時に消えていきます。それだけでなく、自分を愛する自己愛の能力を強化するように、その人のDNA遺伝子を書き換え、次元上昇させてくれます。それを誰も知りません。

ウィルスは伝播するのではありません。マスクはもちろん通ってしまいます。隔離された部屋の中で、何もないところに、または、口の中で急にウィルスが生まれます。「100匹目のサル」現象と同じです。地球の裏でも同時発生します。これを知らないのは低次元過ぎます。

「今ここ」に存在する

私もしばらく黙っていたのですが、テレビを見ているとあまりにも幼稚で、喜劇を見ているみたいです。

医者、学者の第一人者という連中が真面目な顔をして語っている。地球が救われないのは、彼らが言うことが一番になっているからです。

そこで、私は2月12日に、「88次元から3次元へのメッセージ」で、世の中がこういう惨事になっているときに、知っておかないといけない人類の心の持ち方を書きました。

＊　＊　＊

どうして地球のみんなは、今ここにいないんだい。
1秒前や1秒後ばかり。
いや、1年後や1年前ばかり。
そして、パラレルに同時存在している架空の自分のことばかり。
それでは、永久に地球では幸せにはなれないよ。
もう既にあなたは幸せなんだから。
今ここのあなたは幸せだけだから。
「今ここ」のゼロ秒にしかあなたはいないのだから、1秒後に生きていたら儲けもの。
その連続が地球の人生なのです。

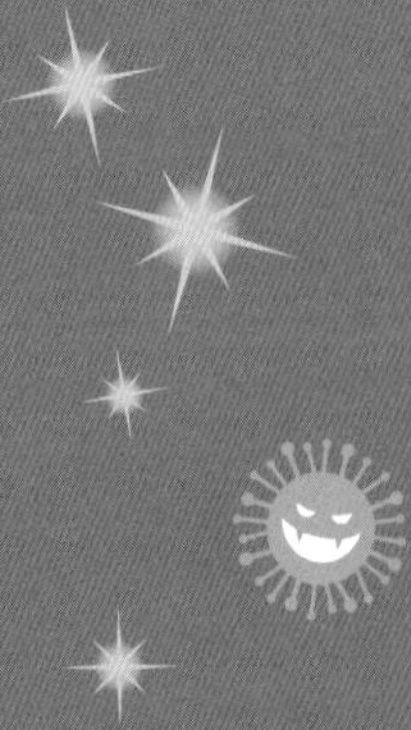

過去を悔やんだり
未来を心配してばかりいるから、
ウィルスが人間をどんどん学ばせないと
いけなくなってくるのです。

つまり、魂の意識が望んだあなたしか「今ここ」には存在していません。

ウィルスに対して、この感覚を持つことがすごく大事です。

過去を悔やんだり未来を心配してばかりいるから、ウィルスが人間をどんどん学ばせないといけなくなってくるのです。

＊　＊　＊

コロナウィルスにアクセス

その後、私はついに堪忍袋の緒が切れて、連続発信し始めました。それが2月17日です。これも「いいね！」が628、「シェアする」が112つきました。

＊　＊　＊

コロナウィルスの集合意識と宇宙の高次元意識にアクセスしました。その結果、マスクをする人間のほうが、しない人間に比べて、圧倒的に病状を持ち、死にやすくなると読めます。

人類は、そのことに早く気づく必要があります。

そうでなければ、不安と恐怖でいっぱいの人類に、ウィルスは学ばせるためにさらに広がっていくことになります。

ウィルスは、不安と恐怖が増強させる波動生命体です。

ただただ、彼らに愛を送ればよいのです。

彼らに感謝するのです。

彼らと友達になるのです。

そうなれば、彼らは喜んで愛の波動に変わるのです。

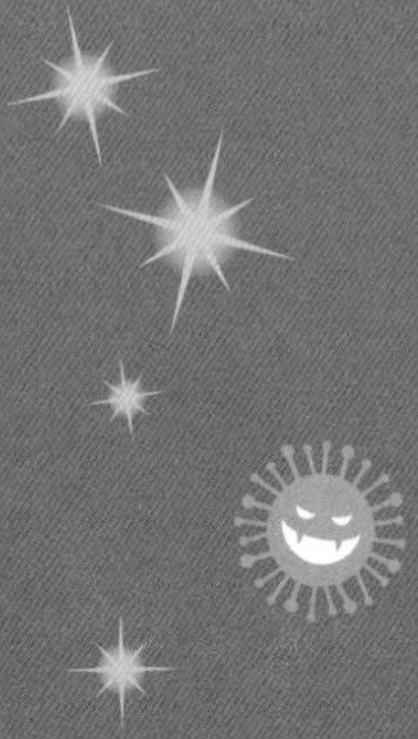

マスクをしている人間は
彼らの攻撃のターゲットです。
「攻撃してください」と言っているのと
同じです。

そして、消え去るのです。

人類よ、目覚めなさい！

＊　＊　＊

コロナウィルスと私がしゃべったのです。

ウィルスは、マスクをしたり、隔離して、不安と恐怖の生き方をしている人間に発生して、ふえて、彼らを痛めつけるわけです。

これは悪魔の痛めつけでなくて、天使の痛めつけです。

愛情を持って、「わからぬのか」と死の手前までコテンパンにやる。

マスクをしている人間は彼らの攻撃のターゲットです。

「攻撃してください」と言っているのと同じです。

クルーズ船の人間は、隔離されているから攻撃されるのです。

ウィルスがそう言っているのだから、これを誰かが伝えなければいけません。
この宇宙には、悪者は、微生物1匹たりとも一切存在しません。
ただし、悪役はいます。
ウィルスは悪役をやっているだけです。
出口王仁三郎《でぐちおにさぶろう》は、「悪のお役」と言っています。
王仁三郎も『日月神示』も、全部ぶっ壊す（建て替え・建て直し）と言っています。
それが今、最終段階に来ているので、これだけウィルスが広がるのです。
このタイミングで、人類と地球を次元上昇させるのが、私ドクタードルフィンです。
不安と恐怖はウィルスを増強させるだけでなく、誕生させて増強させます。
ですから、ただ愛で彼らを包めばいいのです。学ばせてくれた彼らに感謝するのです。

3次元トリック

私は、診療中にも1日3本ぐらいフェイスブックに投稿しています。診療の間に、高次元宇宙からメッセージが一気に来るので、1分ぐらいでワーッと打つのです。

これも同じ2月17日の夕方です。

「いいね！」が506、「シェアする」が129です。

＊　＊　＊

［人類に必然の情報］

ウィルスを脅威と捉える人間が、
つくり出すのです。
あなたがウィルスを
生み出しているのです。
私にしか言えない、超高次元の真実です。

ウィルスは、何もないところに、突如、空間のどこにでもあるホワイトホール（ブラックホールの裏）から出現します。

そして、ウィルスは、突如、空間のどこにでもあるブラックホールから消失します。

だから、伝播や伝達というのは、そう見せられている地球人3次元のトリックなのです。

ウィルスを脅威と捉える人間が、つくり出すのです。

そして、その人間が、学びとして彼らの攻撃を受けるのです。

あなたがウィルスを生み出しているのです。

私にしか言えない、超高次元の真実です。

彼らは、穏やかな人間には存在しないのです。

＊　　＊　　＊

地球の現象は全部トリックです。
地球人が学ぶために、
宇宙にそのように見せられている
3次元のトリックです。

あるとき、私が家のバルコニーで空を見ていたら、ＵＦＯがパッとあらわれました。

何もないところから光があらわれて、３分ぐらい見ていたら、光がパッと2つに分離し、それぞれが縦に長く変形しました。

それが融合して、胴体になり、同時に羽根が2つ出ました。

見る見るうちに30秒ぐらいで完全に白い光る飛行体になって、飛び始めました。

私は物質転換のところを完全に見たわけです。

それはウィルスも同じで、エネルギー体が目に見えない光でパッと来て、地球で体を持つのです。

地球の現象は全部トリックです。

私たちが経験しているのは、本質ではありません。

地球人が学ぶために、宇宙にそのように見せられている3次元のトリックです。

強烈な言い方ですが、「おまえがウィルスをつくっているんだ。自分が生み出しておいて逃げるとは何事だ。食らえ」と言いたくなります。

穏やかな人間の前にはウィルスは誕生しないし、増殖しません。

あなた自身を愛で生きる

同じ17日の10分後に、フェイスブックに3発目を打ちます。

これを言ってはまずいかなと思ったのですが、我慢できませんでした。

「いいね！」は426、「シェアする」は82でした。

＊　＊　＊

〔これも、人類が知るべきこと〕

ウィルスに罹患するのは、それにかかりたくないと思考する人、それを恐れる人。

周囲や自分の体がウィルスだらけでも罹患しない人は、ウィルスいっぱいの環境を、そしてウィルス自体をただの波動エネルギーとして、穏やかな友として受け入れる人。ウィルスを愛で包む人。

ウィルスが怖くて、思考や行動を臆病にする人、あなたこそ、ウィルスにかかるべき人です。あなたこそ、ウィルスから痛い目に遭う必要があるのです。

そして、あなたは学ぶのです。ウィルスも、あなたと同じ感情を持つ、ただの存在だって。

あなたみたいな人が、クルーズ船を、国を、地球を、ウィルスに攻撃させるのです。

おまえが地球を低次元にしているんだ。
おまえがウィルスを生んで、
おまえがウィルスを広げているんだ。

今こそ低次元のメディアや人々から離れなさい。
あなたを、あなた自身を、愛で生きなさい！

＊　＊　＊

私の診療所には全国各地から、海外からも患者さんが来ますが、コロナウィルスにかかりたくない、外に出たくないから行きませんという人が何人もいます。

私は残念に思い、「愚かな人たちよ、あなたこそ、ウィルスのターゲット」と言っているのです。

そんな低次元の人間を患者にしている自分が悲しくなります。

「おまえが地球を低次元にしているんだ。おまえがウィルスを生んで、おまえがウィルスを広げているんだ。ウィルスまみれで抹殺されろ」と人類に活を入れたいのです。

2月18日には、UFOがピカッと光りました。

「地球人よ、コロナウィルスからいいかげんに目覚めなさい」というサポートエネルギーが来て、私の怒りがちょっと癒されました。

コロナウィルスが教える大事なこと

18日11時50分に打ったのが、一番熱い文章です。

＊　＊　＊

あなたには、これをシェア拡散する勇気がありますか。

コロナウィルスに対するメディアや、学者や、医者たちの発信は、宇宙高次元から見ると超低次元で超幼稚。彼らは何も知らないバカである。
それを信じる地球人もバカである。

＊　＊　＊

ちょっと怒り過ぎたなと思いました。母親が何年かぶりに私にメールしてきて、「もうちょっと慎重に言ってください。皆さん一生懸命仕事をされているんだから、そういう言い方はよくないんじゃないの」と、何十年かぶりに叱られました。

それでもうちょっとやわらかいのを打とうと思って、その30分後にこの文章を打ちました。

＊　＊　＊

コロナウィルスは大事なことを教えてくれています。

今、地球と人類が変わるときです。
大きな学びが必要なのです。
恐れ、憎しみ、怒りでなく、愛ということを。
今こそ医学も、科学も、教育も、宗教も、それを学ぶときなのです。
あなた自身を、そしてウィルスたちを愛で包んでください。
本当のことは、私ドクタードルフィンにしか言えないのです。
私の役割なのです。

＊　＊　＊

コロナウィルスを恐れる人間が、ウィルスを生み出し、患う。
コロナウィルスを愛する人間が、ウィルスを消し去り、笑う。これが、真理です。
コロナウィルスは、意識する人、かかることを心配する人がかかります。

コロナウィルスを愛する人間が、
ウィルスを消し去り、笑う。
これが、真理です。

意識しない人には、存在しないのと同じことなのです。

超高次元免疫学

きょう（2月19日）の朝、空の色が紫とゴールドでした。

菊理姫神《くくりひめ》が空におりて、私に伝えてきました。

菊理姫神からのメッセージです。

「地球は、壊されてつくられるのです。今までの概念や社会、思考や常識が壊され、地球と人類が次元上昇します。これを決して恐れないように」。

そこで、史上最高の高次元の免疫学について投稿しました。

地球の免疫学をぶっ飛ばす超高次元免疫学です。

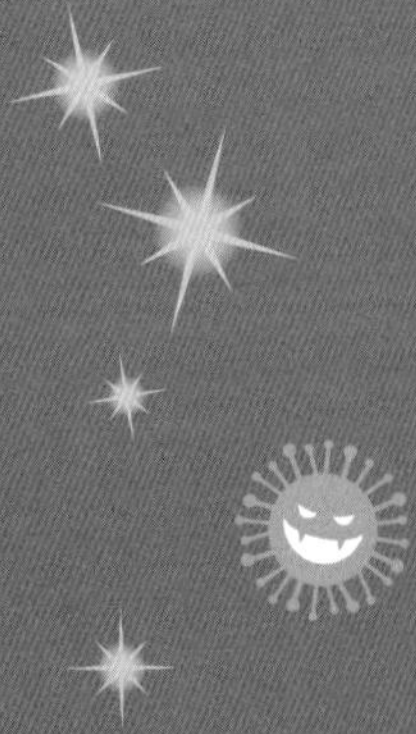

地球は、壊されてつくられるのです。
今までの概念や社会、
思考や常識が壊され、
地球と人類が次元上昇します。

（菊理姫神より）

＊　＊　＊

免疫に対する医学界、科学界、教育界、そして世界のメディアの捉え方は間違っています。

その隠された事実を誰も語りません。誰も知らないのです。

世の中は、免疫を強化しなさいとばかり言っています。

まさに大きな間違いです。

免疫とは、ウィルスなどの外的異物を、自分以外の存在として攻撃することをいいます。

この免疫細胞の攻撃反応こそ、咳であり、発熱であり、生命力低下であり、死をもたらす炎症症状なのです。

ウィルスに対して免疫細胞が反応しなければよいのです。

そうです。人体を地球として捉えれば、免疫とは戦争のことである。

本来、人類生命が穏やかであるためには、免疫は穏やかでなくてはなりません。

ただし、生命維持のために、ごく短時間で最小に働くのがベストです。

ふだんは休んでいればよいのです。

つまり、外的異物が存在しようと、入ろうと、穏やかに受け入れればよいのです。

そのように、免疫細胞は、ウィルスなどの外的異物に攻撃することなく、彼らの生命とお役割を尊重して、反応しなければよいのです。

最適な態度は、彼らを愛で包むのです。

これは免疫力が弱いということではなく、余計な反応をすることのない、愛があふれる穏やかな免疫です。

今の低次元の医学や科学や報道は、不安や恐怖でむやみに発動する暴走免疫をつくっています。

今の低次元の医学や科学や報道は、
不安や恐怖でむやみに発動する
暴走免疫をつくっています。
皆さん、よく知ってください。
免疫は強化したらダメなのです。

これが、皆さんが免疫強化として無知のもとで誘導された皆さんの体です。

皆さん、よく知ってください。免疫は強化したらダメなのです。

それは病気と死を生み出すのです。

免疫は、ふだんは何もせずに穏やかで、最小限の必要なときに瞬時に働くだけでよいのです。

あなたの感情と思考が免疫力です。

どうかあなたが目覚めてください。

＊　＊　＊

全く免疫がなければ生きていけないので、本当に必要なときだけ最小で働けばよいのです。

免疫学者たちはわかっていない。何を学んでいるのかと言いたい。

あなたの感情と思考が攻撃していたら、もちろん細胞も攻撃します。

コロナウィルスや一般のウィルスなど、血液検査で陽性とされると、隔離されたり、病的とされます。

これは血液中にはウィルスが誕生または侵入したけれども、まだ免疫細胞が反応をしていない段階です。

既にこの段階で、ウィルスたちは、その宿主の人間にエネルギーで学ばせようとしています。

それを学ばずに感情が暴走するから、免疫細胞が暴走反応をするのです。

そして、症状、病状をもつのです。

ですから、ウィルス陽性の段階はまだ病気でなく、学びのチャンスを与えられた、その人間にとってのウィルスからの試験期間なのです。

私の投稿に、「真偽のほどは不明ですが、ある記事では、今回のコロナウィルスの怖さは、アナフィラキシーショックのような症状を引き起こすとの記述がありました」というフォローがありました。

アナフィラキシーというのは、生命をおびやかす、強い症状を起こす状態です。

免疫が反応し過ぎてショック状態になる。まさに暴走免疫です。

今、人類がこんなに臆病で弱くなってしまった理由は、自分を守りすぎるからです。

高次元とつながって、適応能力を抜群に持つ超古代人類や宇宙存在たちは、一年中、ほぼ同じ服装をしていました。

今、桜が咲いているのに、大袈裟《おおげさ》なダウンジャケットに身を包む地球人。

その横を、私ドクタードルフィンは半袖で歩きながら思うのです。

この人たちは、外の変化や環境に自分で適応できないだろう。

永遠に何かに頼ろうとするだろう。

それが、コロナウィルスに対する人類の姿です！

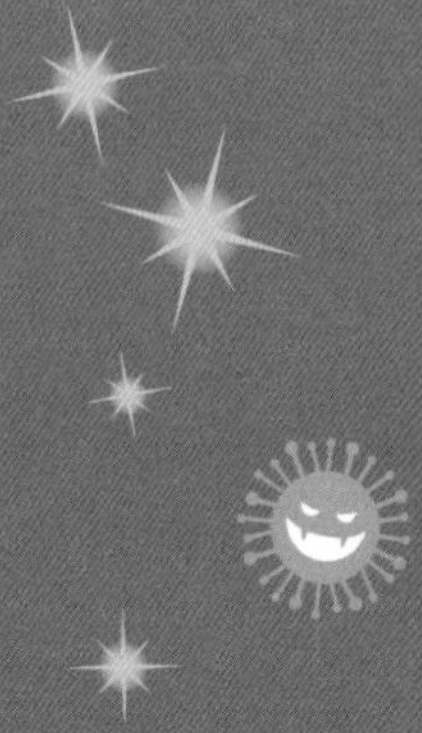

免疫が反応し過ぎてショック状態になる。
まさに暴走免疫です。
今、人類がこんなに臆病で弱くなってしまった理由は、自分を守りすぎるからです。

人間の本当の姿は、自分ですべて対応できるのに。

予防接種について

皆さんは、子どものころから予防接種をさせられます。

親は自分の子どもに予防接種をしないと罪悪感があり、心配、不安、恐怖があります。

打たせないと、いい親と言われないということもあります。

これは集合意識がつくっているわけです。

私自身は、もちろん親が本当のことを知らなかったので、予防接種をされて、抗生剤もどんどん投与されています。

大体2歳までに抗生剤をたくさん投与された子どもは、アトピーとか、喘息《ぜんそく》とか、ADHDになりやすいというデータがあります。

抗生物質も怖いのです。

最小限に使うのはいいのですが、医療の利益のために、むやみやたらに使っている感触が強いのです。

予防接種に100の効能があるとしたら、私は、メリットは1で、99はデメリットだと思っています。

ほとんどマイナスです。

では、どうして予防接種を打つのでしょうか。

これを世の中に知らせることが必要です。

ウィルスや細菌に感染するからといって、今の低次元地球では、一々ウィルスや細菌の抗原を体に注入し、それに抗体をつくって、治そうとしています。

大きな間違いです。

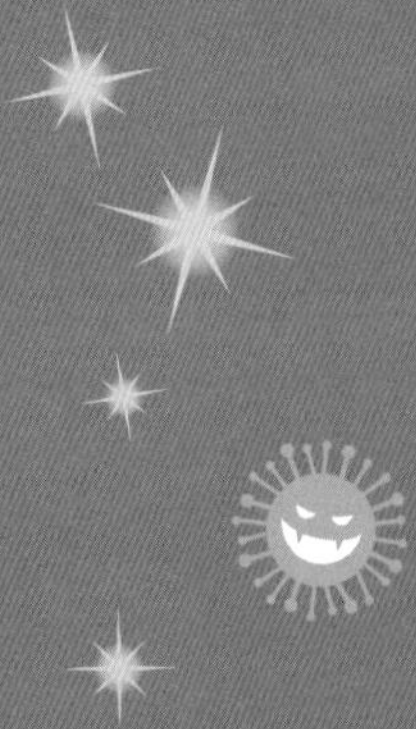

ウィルスの集合意識が変わると
形が変わります。
彼らも喜んだり、悲しんだり、怒ったりす
るので、形が変わるのは当たり前です。

ウィルスとか細菌は、形はあるけれども、もともと波動です。地球のホワイトホールから来て、その場で細胞の体をつくるだけであって、波動のエネルギーは1秒1秒変わっています。

1秒前と1秒後でウィルスや細菌の形式は変わります。

もちろん、1週間前、1週間後だったら、全く違います。

そうしたら、それに対する抗体とか、免疫を活性化するものを投与しても、彼らに効くわけがありません。

特にインフルエンザは突然変異が速く、細胞のレベルでも瞬時に形が変化しています。

ましてエネルギー体として捉えた場合、エネルギーはすごく繊細です。怒りとか喜びで表情が全く違うのと同じで、ウィルスの集合意識が変わると形が変わります。

彼らも喜んだり、悲しんだり、怒ったりするので、形が変わるのは当た

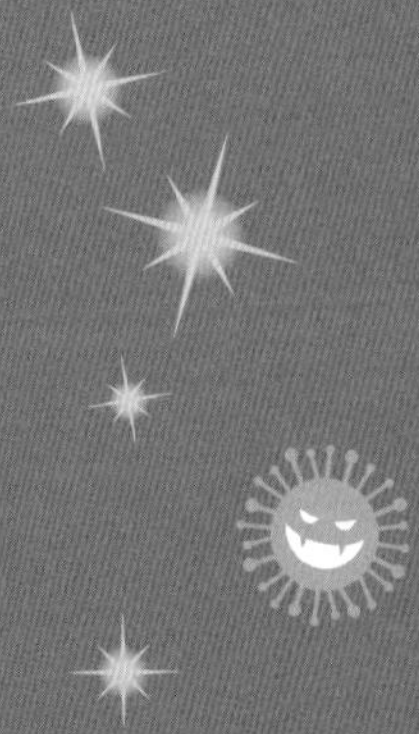

だから、ワクチンができてきたころには、
全く効きません。
まず、99.999%効かないと思ったほう
がいいです。

り前です。

だから、ワクチンができてきたころには、全く効きません。

まず、99・999%効かないと思ったほうがいいです。

それなのに、メディアは何で効いたように発表するのでしょうか。

例えばワクチンを打ったマウス（実験用ねずみ）と、打たないマウス（実験用ねずみ）を、同じウィルスに罹患させて比べると、ちょっとの差ですが、ワクチンを打ったほうが症状が軽いというデータ。

これは観察する医者たち、科学者たちが、こっちは病気にかからないだろう、こっちはかかるだろうという意識で見るから、観察者の意識が結果に影響することを知らないといけません。

プラス、医者たち、科学者たちがマウスをそういうふうに見るから、マウスの意識に影響します。

マウスにとって、自分は病気にかからないと思わせる効果もあります。

研究する側が何か狙って実験した場合は、そんなことは当たり前です。

江戸時代に、超能力者はたくさんいました。

透視能力者が、紙に何が書いてあるかを見ないで当てる実験を多くの人の前でやらされて、失敗した。「俺たちの前で証明してみろ」と疑っている人何十人もの前でやらされたら、成功するわけがありません。

デタラメだと思っている人ばかりの前だから、失敗するのです。

それが、動物実験でワクチンが実際は効いていないのに、効いているように報告されてしまう理由です。

それは恐ろしいことです。

ワクチンを絶対に打つべきでない理由は、もう1つあります。

ワクチンには、水銀、鉛がすごく入っているのです。

イルミナティ、フリーメイソンは愛の団体だから、ひょっとしたらそういう魂胆はないかもしれませんが、ただ、フリーメイソン、イルミナティ

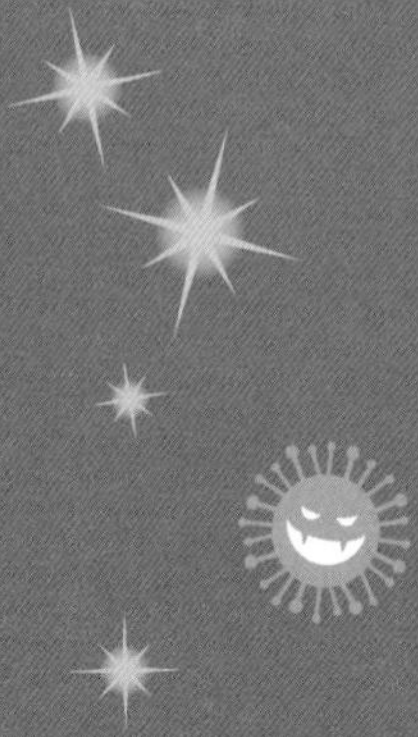

ワクチンを絶対に打つべきでない理由は、
もう1つあります。
ワクチンには、水銀、鉛が
すごく入っているのです。

の中でも、ちょっとネガティブな連中もいます。

水銀や鉛が入っているものを広めることで、一部の人間による「人類削減計画」があるかないかは別として、予防接種が人類の数を減らすことは明らかです。

特に水銀中毒はとても怖いものです。人類をダメにします。

体内に蓄積して、脳とか、脊髄とか、中枢神経系をやられてしまって、人間の生命力をどんどん下げていきます。

松果体もダメにして、宇宙の叡智《えいち》とつながることを途切れさせます。

予防接種をしてはいけないもう1つの理由は、弱毒菌といって、菌とかウィルスを弱めたもの、死んだものを入れていますが、保証はありません。

生き返ることはあるし、波動だから、死んでもまた生まれ変わります。

ウィルスと細菌をモノとして捉えるから、予防接種という概念ができたわけです。

特に水銀中毒はとても怖いものです。
松果体もダメにして、
宇宙の叡智とつながることを
途切れさせます。

熱を加えて弱毒化したり、殺したモノを入れておけば、病気を起こさないといいますが、実際は起こしています。

最初は弱毒化しているから眠っていても、あるとき、パッと元気になって、子どものときに予防接種を受けた人が、大人になってから急に症状を起こすのです。

この3つの理由、もともと効かないのに効くようにだまされていること。水銀や鉛を含んでいること。

一番怖いのは水銀で、蓄積して松果体を不活性化し、中枢神経系を傷害する。

もう1つは、菌とウィルス自体が悪さをする。

だから、99の害があって、ひょっとしたらたまたまうまく効いて、1の効果があるかもしれません。

効く理由はプラセボ効果です。

予防注射を打って親が安心すると、子どもも安心します。それによって安心の環境ができるので、一瞬、患者が減るのです。予防接種ができたから罹患率が減ったのではなくて、戦後、衛生状態が上がったから減ったのです。

これは有名な話で、予防接種はしないほうがいいのです。ウィルスには、幸い予防接種はありませんが、細菌に対して子どもに予防接種をすることは親としていかに愚かなことか。これからは子どもが財産です。

ネオチルドレン、スターチルドレン、レインボーチルドレンというすばらしい子どもが生まれてきても、予防接種をし続けていたら、彼らの能力をダメにします。これは警告です。

ネオチルドレン、スターチルドレン、
レインボーチルドレンという
すばらしい子どもが生まれてきても、
予防接種をし続けていたら、
彼らの能力をダメにします。
これは警告です。

抗生物質は効かなくなる

コロナウィルスを含めて、風邪、インフルエンザは、病原菌がウィルスとわかっています。

どうして抗生剤を打つのでしょうか。

不運なことに、医療機関にはウィルスに効く薬はほとんどないのです。

しかし、医療機関は利益を上げないといけないのと、何かやらないと患者が満足しない。自分の体裁のためもあって、抗生物質を出すのです。

でも、ウィルスには効きません。

細胞壁を持った生物にしか効かない。つまり、それは、細菌です。

ウィルスは細胞壁がないから抗生物質は効きません。

ウィルスは細胞壁がないから
抗生物質は効きません。
インフルエンザは、私から見ると、
ほかの風邪と全く同じ、
普通のウィルスによる症状です。

風邪で病院に行くと、効かないのに抗生物質を出されます。ウィルスは残ったままで、腸内とか口腔内にいる常在菌を殺します。本来、善なる働きをする菌たちを殺してしまう。

そうすると、一瞬、症状がなくなって炎症とかがおさまったように感じるけれども、体が正常な働きができなくなって、新たな炎症や病気を起こします。

命にかかわる高熱とか重症型の肺炎の場合は、脳性麻痺とか重症型脳炎、脊髄炎を防ぐために、必要最小限で短期間の抗生物質投与はいいけれども、ずっと飲みなさいとか、風邪ごときで抗生剤を出すという愚かさには気づかないといけません。

インフルエンザは、今、日本人は、ほかの風邪と別のものという感覚を持っていますが、私から見ると、ほかの風邪と全く同じ、普通のウィルスによる症状です。

ただ、インフルエンザという名前が誇張され過ぎてしまっている。

確かに弱っている老人の場合は、死亡率をちょっと高めるかもしれませんが、健常に近い一般的な地球人がかかった場合には、ただの風邪です。

コロナウィルスもそうです。

ただの風邪なのに、新種のウィルスだと言って騒ぎ立てるから、彼らがふえただけの話なのです。

ただ単に集合意識がふやしただけです。

私の子どもは今13歳、中学1年生ですが、予防接種は1本も打っていません。

小児科の受診もゼロです。

私がエネルギーを調整しています。

症状が出たら、人間が進化するためのプロセスですから、「お喜びさま。やったな。おめでとう」と言っています。

今までの人類は、ウィルスにしても、細菌にしても、どんな病気にしても、戦争にしても、それを悪とみなしてきました。

悪とみなす限りは、永遠に大事なことを学べずに、悪はもっと増長します。

今こそ、その悪はただの悪役で、悪者ではないことに気づかないことには手おくれになります。

今こそウィルスたちが悪役をやってくれていることに気づく必要があります。

予防接種なんか打つな。

抗生物質なんか命にかかわるとき以外は飲むな。

こんなことを言ったら、今までは医療業界で抹殺されたり、人類を牛耳っている団体に抹殺されていました。

私のエネルギーが抹殺されない次元につながったので、ついにこの本を

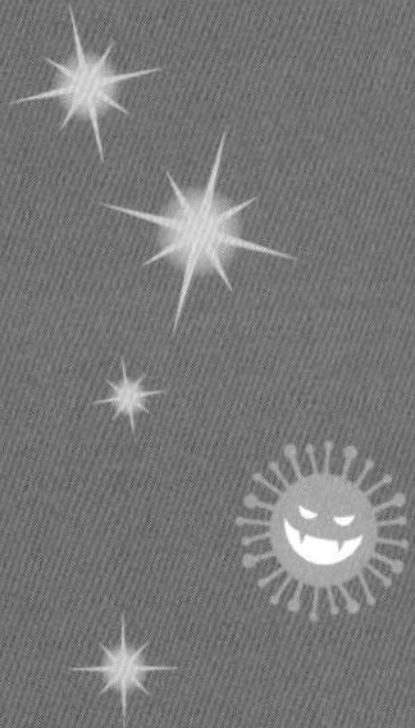

悪とみなす限りは、永遠に大事なことを
学べずに、悪はもっと増長します。
今こそ、その悪はただの悪役で、
悪者ではないことに気づかないことには
手おくれになります。
今こそウィルスたちが悪役をやってくれ
ていることに気づく必要があります。

私のエネルギーが
抹殺されない次元につながったので、
ついにこの本を発表できたのです。
今まではこういう本をつくったら、
出版されるころには筆者は死んでいました。

発表できたのです。
今まではこういう本をつくったら、出版されるころには筆者は死んでいました。
でも、私はたぶん生きているでしょう。
本当のことを知る時期が来たのです。

クルーズ船のウィルス

クルーズ船で、どうしてあんなに感染者が出たのでしょうか。
あれは、密室だったからではありません。全く関係ありません。
全く別々に隔離されていても、あの空間では全く同じことが起きていたでしょう。

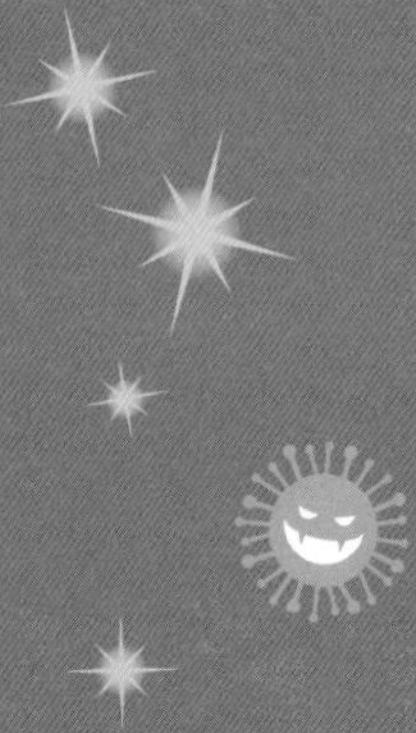

ウィルスは飛び散るのではありません。
相手が咳をした。咳を受けちゃったから
ヤバイと思った瞬間に、あなたの口の中
に誕生するのです。

ウィルスは伝播する、飛んできてうつると、メディア、学者、医者たちに刷り込まれてしまったから、密室空間では飛び散っていると思うわけです。

ウィルスは飛び散るのではありません。エネルギーが共鳴して、現象化するのです。

相手が咳をした。咳を受けたからまずいと思った瞬間に、あなたの口の中に誕生するのです。

Aさんにウィルスがいて、Bさんにウィルスがいない状態から、AさんにもBさんにもウィルスがいる状態になるときの真実は、AさんからBさんにウィルスが飛ぶ過程はありません。

でも、人類がウィルスは飛ぶという集合意識を設定してしまったから、唾液とか咳でいかにも飛ぶように見えているわけです。

地球の裏にあなたがいて、ウィルスのいる人がここで咳をします。

1光年離れた星にいる人が、
ウィルス患者の咳を映像で見ます。
その咳を受けたと思ったら、
その人にウィルスがゼロ秒で生まれます。
地球の裏でもゼロ秒で生まれる。

あなたが咳を受けたと思ったら、地球の裏でもウィルスにかかります。
これが真実なのです。
1光年離れた星にいる人が、ウィルス患者の咳を映像で見ます。
その咳を受けたと思ったら、その人にウィルスがゼロ秒で生まれます。
地球の裏でもゼロ秒で生まれる。
だから、飛んだように思わされているだけなのです。
距離も隔離も関係ありません。
この真実を誰かが伝えないといけません。
UFOでさえ、ゼロ秒で出てきたり、消えたりします。
ウィルス1匹ぐらい生まれるのは簡単なことです。
ブラックホール、ホワイトホールは、ありとあらゆるところに存在しています。
多重次元として、パラレルに存在します。

距離も隔離も関係ありません。
この真実を誰かが伝えないといけません。
UFOでさえ、ゼロ秒で出てきたり、消え
たりします。
ウィルス1匹ぐらい生まれるのは
簡単なことです。

「ここ」と「そこ」、そして「いま」と「未来」の違いは、振動数、波動の違いです。

「ここ」の波動が10001ヘルツとすると、「そこ」は10003ヘルツです。

ウィルスがエネルギー体で10003ヘルツに合わせたら「そこ」に出るし、10001ヘルツに合わせたら「ここ」に出ます。

99990ヘルツに合わせたら1秒前に出ます。

10010ヘルツに合わせたら1秒後に出ます。

こういうふうに波動によって時間も空間も変わるのです。

彼らの意識で自分の出るところとときを操るわけです。

UFOと全く同じです。

ウィルスは1匹だけでなく集合でやるから、より恐ろしい。

地球は今まで本当に幼稚な3次元をやってきました。

マスクをして、衛生を保つとか、多少の役には立ちます。

ウィルスは、波動でなくて、ウィルス体のままでいるのもいます。

普通は、形を持ったら急に消えて、またパッとあらわれます。

UFOも、急に消えて、またここに出る場合もありますが、ずっと飛ぶ場合もあります。

これと同じで、形のままでいるウィルスは唾液に入ります。

でも、ウィルスの存在形態は、目に見えないエネルギー体が99・9％、エネルギー体と物質体の中間体が0・09％で、学者や医者やメディアが騒ぐ物質体は0・01％と、意外と少ないのです。

なぜかというと、3次元のままで居続けるのは、彼らにとって大変なことです。宇宙人と同じです。

もともと地球にいない存在たちが地球の環境に居続けるのは、大変なエネルギーを消耗します。

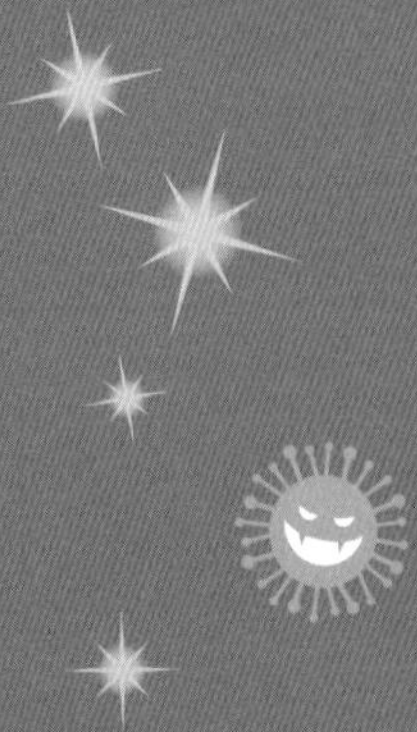

コロナウィルスの脅威で、
外出を控える、電車に乗らない、
イベントを中止する、マスクを強要する。
どれも低次元人類のあわれな姿です。

形を一回消して、また出すほうが効率的なのです。

だから、唾液についているウィルスはほんの一部です。発病するに至らないぐらいだと思います。

そんなものにはほとんど気を遣わなくてよいのです。

コロナウィルスの脅威で、外出を控える、電車に乗らない、イベントを中止する、マスクを強要する。学校、会社を休みにする。どれも低次元人類のあわれな姿です。目に見えるウィルスをターゲットにしても、全くダメです。

地球のほとんどのウィルスは、エネルギー体のウィルスが、不安と恐怖の感情エネルギーによってホワイトホールから物質転換して、目に見えるウィルスとなってあらわれます。ですから、家に閉じこもっていても、不安や恐怖に包まれたあなたの部屋に、突然ウィルスが出現します。マスクで覆った、不安と恐怖に包まれたあなたの口の中に、突然ウィルスが出現

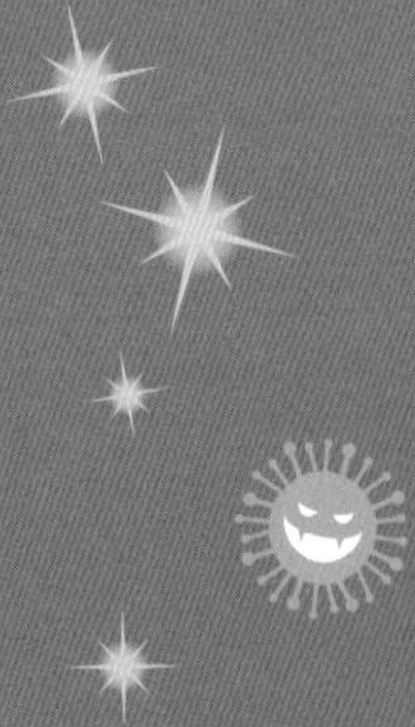

不安と恐怖がウィルスに対する愛と感謝に変わった途端に、ウィルスは、目の前でブラックホールから、突然、喜んで消え去ります。
これが、学者も医者もメディアも知らない高次元宇宙の真実です。

します。

しかし、逆があります。

不安と恐怖がウィルスに対する愛と感謝に変わった途端に、ウィルスは、目の前でブラックホールから、突然、喜んで消え去ります。

これが、学者も医者もメディアも知らない高次元宇宙の真実です。

テレビやインターネットは愚かな発信をするのでなく、私ドクタードルフィンの叡智を伝えるべきです。

そうすれば、ウィルスで汚染された不安と恐怖だらけのクルーズ船から、愛と感謝によって、一瞬にしてウィルスが消え去るのです。

宇宙の叡智とつながると、人類の集合意識で、クルーズ船ごとゼロ秒でパッと消すことも自由自在にできます。それは、あってはいけませんが、意識の力の凄さを、知識として持ってください。

でも、そういうことができると知らないとできないのです。

ウィルスは人間の生き方を教えてくれる

ウィルスに罹患すると体がだるくなるとか、風邪を引くと体がだるくなるといいます。

「体がだるいから会社を休みます」と言っているのんきな人間がいますが、これは勘違いです。

ウィルスに罹患するから、体がだるくなるのではありません。

免疫がウィルスに対して反応するから、日常の生命エネルギーを免疫反応が奪ってしまうわけです。

免疫が抗原抗体反応をするエネルギーにＡＴＰ（アデノシン３リン酸）が使われてしまうから、筋肉が動く反応とか、脳が働くためにＡＴＰが使

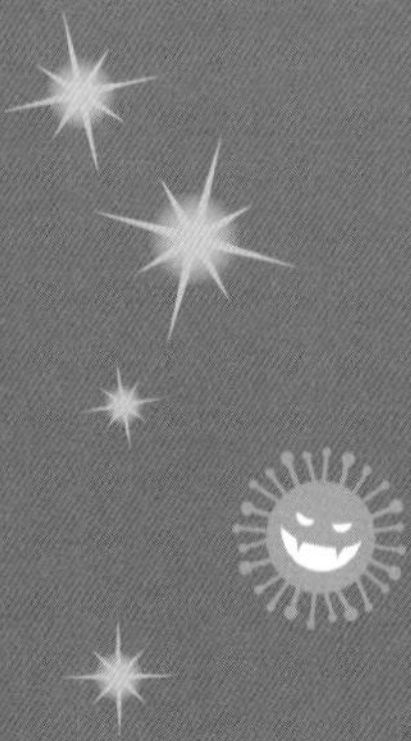

ウィルスにかかったら体がだるくなるという固定観念を捨てるべきなのです。
ウィルスとか細菌を受けても、
自分は彼らとお友達だし、
人類はすべてお友達だと思えば
いいのです。

われなくなって、だるくなるのです。

つまり、ウィルスとか細菌を受けても、自分は彼らとお友達だし、人類はすべてお友達だと思えば、免疫は穏やかに無駄な反応をせず、症状は出ません。

アメリカとソ連がお友達だと思ったら殺し合わなくなる。敵だと思っているからお互いに殺すのと同じで、エネルギーを使うわけです。

体の抗原抗体反応は地球の戦争と同じで、体のエネルギー消耗は地球人のおカネ消耗と同じです。

おカネのムダ遣いばかりしているのと同じように、体がムダなエネルギー使いをしてしまうのです。

つまり、ウィルスにかかったら体がだるくなるという固定観念を捨てるべきなのです。

そう考えると、ウィルスは、感情の不安と恐怖がよくないことを学ばせるだけでなく、人間の生き方を教える役割なのではないでしょうか。

例えば、義務感で働いてばかりいる人、人のことばかり考えて自分を愛せていない人、こうあるべき、こうなるべきという自己統制の強い人は、これからそういう時代ではなくなってくるので、ウィルスがその人に働きかけるのです。

人に支配されていると思う人間がウィルスを食らうのです。

ウィルスは不安と恐怖を学ばせるだけでなく、金城《きんじょう》光夫《みつお》さんが言うように、自分が自分の支配者なのに、自分以外に支配されていると勘違いしている人類を、ウィルスがお役割としてたたきのめす。だるくさせて、働けないようにするわけです。

ウィルスは人間よりずっと愛が深いのです。

人間は脳を使っているからエゴのかたまりなのです。幼稚でみじめなも

ウィルスは人間より
ずっと愛が深いのです。
人間は脳を使っているから
エゴのかたまりなのです。
幼稚でみじめなものです。
人類よ、一度ウィルスの愛を
すべて受け入れなさい。

のです。

人類よ、一度ウィルスの愛をすべて受け入れなさい。

あなた自身がウィルスを思いやりなさい。ウィルスという集団の一員になってみなさい。

彼らが、人間の個体に学ばせるために一生懸命働いているのがわかるでしょう。

体がだるくなるのは意味があるのです。

つまり、不安と恐怖を克服するだけでなく、自分以外から制御されているという幻想から目覚めなさいというメッセージです。

ウィルスは、もう1つ学ばせています。

人間は、人を愛そうとしたり、人から愛されようとばかりします。

パニック症候群というものがあります。

パニックになったり、心臓が動悸がしたり、過呼吸になったりするのも

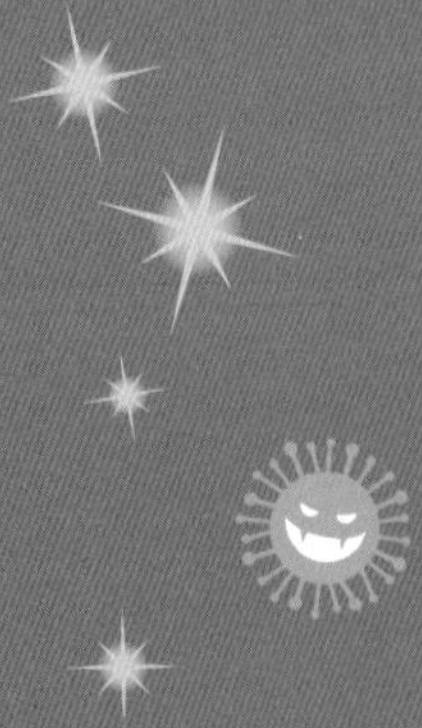

人類を進化させる宇宙意識として外から
働くエネルギーがウィルスたちです。
波動だけで来る場合もあるし、
ウィルスの形になって来る場合もあります。

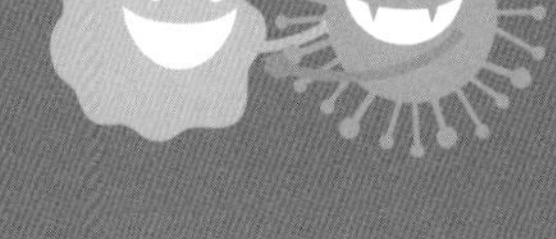

ウィルスの愛が関与します。

ウィルスが形でなくて波動で入って、「自分を愛していないのに、人から愛されるわけがないだろう。おまえは愛に値しないんだ。学びなさい」、それぐらい強烈なことをウィルスが言いに来ているので、パニックを起こさせる。

すべてはウィルスの愛の波動で起こっています。

波動が、あなたを変えてくれるわけです。

あなたを全部サポートするのが宇宙の叡智です。これはあなたの味方です。

人類を進化させる宇宙意識として外から働くエネルギーがウィルスたちです。波動だけで来る場合もあるし、ウィルスの形になって来る場合もあります。

ウィルスには、3形態あります。

物質で体を持ったウィルス、完全にエネルギー体で何も見えないウィルス、ときたま物質で、ときたまエネルギー体になるウィルスです。

エネルギーの割合で言うと、99・9%は体を持たないエネルギー体のウィルス、0・09%がどっちにもなるウィルス、0・01%が体を持ったウィルスです。

ほとんどは目に見えないエネルギー体で存在しているので、パッと出てくるのです。

地球でずっとウィルスで居続けるのは0・01%で、病気を起こすまでの力はほとんどありません。

学者たちは、その0・01%だけにフォーカスして考えているから、実体が何もつかめないのです。

どうしてこんなに広がるのかわからない。

パンデミックというのは、急に広がって理由もわからないといいますが、

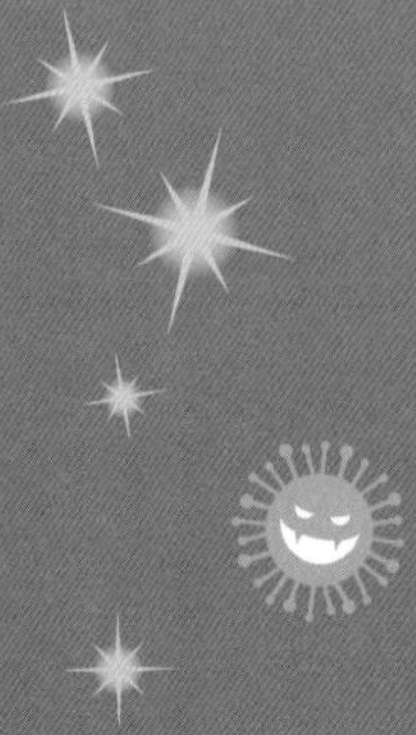

パンデミックというのは、急に広がって理由もわからないといいますが、
それは目に見えない世界をわかっていないからです。

それは、目に見えない世界をわかっていないからです。

ウィルスの集合意識が人類の集合意識とコミュニケーションして、人類の集合意識が足りないところを変えようと、ウィルスの集合意識がサポートしてくれるのです。

ウィルスを愛で包む

人類はウィルスから恩恵を受けるだけで、お返しをしていません。

だから、ウィルスが怒っているのです。ウィルスに感謝しないといけないというのは、そういうことです。

コロナウィルスのことが、どんな形であれ、自分の思念にあるということは、コロナウィルスの集合意識エネルギーとあなたの意識エネルギーが

コロナウィルスの正体は、あなたの顔にウィルスの殻をかぶった生命体です。
あなたが不安であれば、彼らもそれ以上に不安です。
あなたが攻撃すれば、彼らはそれ以上に攻撃します。

共鳴しているということです。

つまり、大宇宙の高次元的視野でいうと、ウィルスはあなた自身であり、コロナウィルスの正体は、あなたの顔にウィルスの殻をかぶった生命体です。


あなたが不安であれば、彼らもそれ以上に不安です。

あなたが攻撃すれば、彼らはそれ以上に攻撃します。

私ドクタードルフィンが「コロナウィルスを愛で包みなさい」と言っても、「難しい。そんなことできない」と多くの人が言います。

簡単な方法を教えましょう。

あなたの顔をしたコロナウィルスと、愛いっぱいのハグをしなさい。

「学ばせてくれてありがとう」と声に出して言いなさい。魂でつぶやきなさい。

人類の3％の人がこれを実行すれば、「100匹目のサル」現象が世界

あなたの顔をしたコロナウィルスと、
愛いっぱいのハグをしなさい。
「学ばせてくれてありがとう」と
声に出して言いなさい。
魂でつぶやきなさい。

に起き、コロナウィルスが消退するという多次元パラレル世界を人類が選択することができます。

地球人たちは、いつまで低次元の3次元の中だけでもがいているのでしょうか。

それは、地球人たちが、まだ次元上昇に必要な大事なことに気づいていないからです。

愚かな地球人たちは、コロナウィルスたちは徐々に減っていって、いつかなくなると考えています。

学者も、医者も、政治家も、メディアも、国も、みんな幻想を生きているのです。

それでは何も変わりません。

それは、そのように見せられるだけです。

本当は、今同時に存在しているパラレル次元に一瞬にゼロ秒で移り変わ

パラレル次元では、
コロナウィルスは消退解決しています。
だから、どうするべき、正しい、
間違っているという世界は幻想なのです。
そんなもの、存在しません。

るだけです。

パラレル次元では、コロナウィルスは消退解決しています。

だから、どうするべき、正しい、間違っているという世界は幻想なのです。

そんなもの、存在しません。

ただ、人類の集合意識がどのパラレル次元を選択するかだけです。

ただ、愛と感謝のパラレル世界を選べばいいだけです。

そうすれば、地球の時間枠に乗って解決時間が経過するように見せられて、徐々に収まっていきます。

ある日の鎌倉には、私ドクタードルフィンが、昨年の秋分の日に宇宙の高次元星の構成組み換えをして、地球を強力にサポートすることになったアンドロメダのエネルギーが、宇宙母船（スペースシップ）エネルギーとして2隻現れました。その2隻は、左右で大きな翼を表現して大きな鳳凰《ほうおう》を描きました。
そして、彼らが「みんな、大丈夫だよ」と伝えてきました。

88次元 Fa-A ドクタードルフィンとウィルスX君との会話

〔高次元の交流〕
このドクタードルフィンと高次元存在との会話は、ドクタードルフィンが88次元存在としてもともと叡智として保有しているものを、ウィルスXが思い出させるということを、描写したものです。ここでは、喜劇風に楽しく読んでいただくために、ウィルスXがドクタードルフィンに教えるという形式をとりました。

あるとき、ドクタードルフィンが森の中で物思いにふけっていました。

＊　＊　＊

ドクタードルフィン（D）「人間はイヤだなあ。エゴばっかりで、つき合うのが疲れるなあ。

だから、動物のほうがいいと思って、僕は犬と馬と仲よくしているけど、馬も人間の女性と同じでお天気屋だし、ワンちゃんもお世話しないといけないし、結構大変なんだよな。

じゃ、昆虫がいいかって、僕はカブトムシをいっぱい飼っているけど、すぐ死んじゃうんだよね。毎回、死に目に会うのも結構つらいものな。

そうかといって、植物も手間がかかる。彼らの意識は結構繊細だから、やっぱりお世話しないといけなくて、サボるとすぐ枯れちゃったり、難しいんだよね。

だから、パワーストーンといっぱい戯れていて、すごくエネルギーをサポートしてくれるんだけど、時々つまらないなと思うんだよね。

その場から動いてくれないし、言葉はあるにしても結構淡泊だし、何か面白い友達いないかなあ」

と思いながら、ちょっとうたた寝をしました。

パッと目をあけたら、ドクタードルフィンから5メートルぐらい離れたところに、まばゆい光が立っていました。

D「あなたはなあに？」

と語りかけると、
ウィルスX君（X）「ボクだよ。ボク、ボク」

D「何？ 何？ 光しか見えないよ。あなたは誰？」

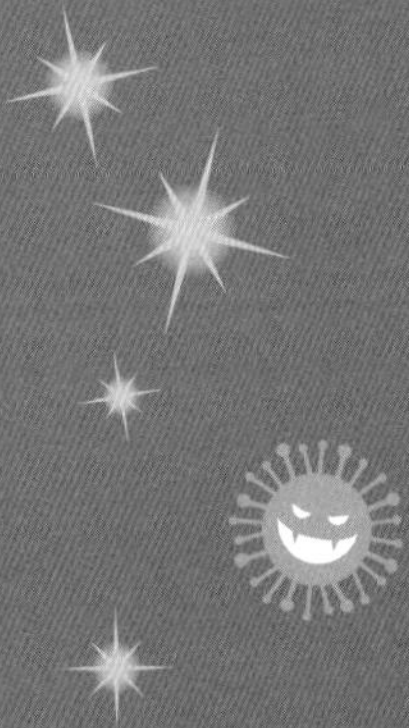

ウィルス君（X）

じゃ、教えてあげるよ。ボクたちウィルスは、人間たちを進化させるために高次元からやってきているんだ。

X 「じゃ、見える形になってあげるね」

と言って、急に光がパッと消えました。

そして、ドクタードルフィンの目の前に何かモジモジとした形の生物が、本当はすごく小さいのですが、大きな映像として浮かび上がっています。

体はものすごく小さいというのはわかるのですが、ドクタードルフィンが見ている映像はものすごく大きくて、話しかけてきます。

X 「ボクはウィルスXでーす。ボクにはお友達が数えられないぐらいいっぱいいるんだけど、代表して来たよ。ドクタードルフィンがお友達が欲しいと言っていたから来たんだ。ドクタードルフィン、大事なことを教えてあげるよ」

D 「何々？　僕がまだ知らないことがあるの？」

X 「ドクタードルフィンもいいところまでいってるんだけど、この地球で、まだちょっと気づいていないところがあるからね」

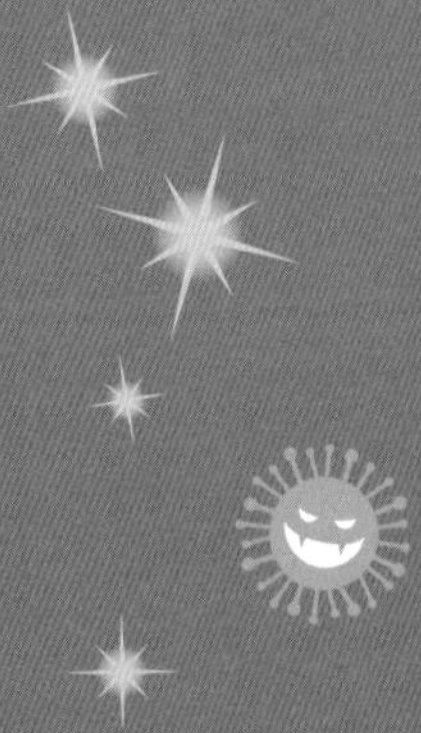

ウィルス君（X）

地震とか台風などの自然気象は予期できないと言っているでしょう。
あれは、ボクらウィルスの仲間たちが全部やっているんだ。

D「何々？　教えてよ」

X「絶対に本にすると約束するんだったら教えるよ」

D「地球を進化させるために命をかけている社長を知っているから、その社長にお願いしてみるよ」

X「じゃ、教えてあげるよ。ボクたちウィルスは、人間たちを進化させるために高次元からやってきているんだ。ウィルスは地球にずっといるものだと思っているでしょう。

バカな学者たち、バカな医者たち、それに乗っかるメディアたち、もっとひどいのは、それを信じる人間たち。

人間たちがあまりにも本当のことを知らな過ぎて、かわいそうで、我慢できなくて、ドクタードルフィンにお願いしに来たんだ。

本当のことを教えてあげてほしい」

D「わかったよ。じゃ、その真実を君から聞いて、ドクタードルフィン

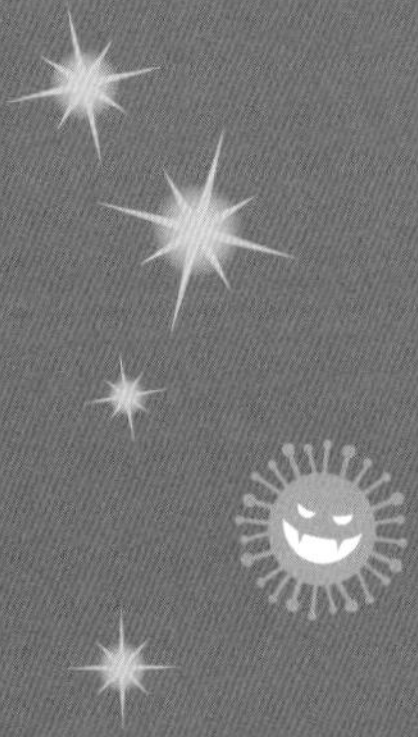

ウィルス君（X）

今、人工兵器とか、人工地震とか、誰かのしわざで火事になったとか言うけれども、それは間違ってはいない。

ボクらがその人のエネルギーに移って、その人の意識を操作しただけなんだ。

がちゃんと本にして、知らない人間たちに教えるよ。それを教えるとどうなるんだい」

X「それを教えると、人間たちの生き方がガラッと変わるんだ。

今まで生きる目的だったことが、目的でなくなるんだ。新たな視点で生きるようになる。

そうすると、人間のエネルギーが全く変わって、次元が上がって、生き方が全く変わるんだよ」

D「そうかそうか。それは面白いな。もっと教えてくれよ」

X「まず伝えたい1つは、急に自然気象が変わったりする。地震とか台風などの自然気象は予期できないと言っているでしょう。あれは、ボクらウィルスの仲間たちが全部やっているんだ。でも、ウィルスの形ではやらないよ。

ボクは今はウィルスの形だけど、ボクの仲間の大もとは高次元のグループXというエネルギー体です。エネルギー体で地震を起こさせたり、火災を起こさせたり、台風を起こさせたりするんだ。

今、人工兵器とか、人工地震とか、誰かのしわざで火事になったとか言うけれども、それは間違ってはいない。

そういうこともあるんだけど、ボクらがその人たちのエネルギーに作用して、その人たちの意識を操作しただけなんだ。

高次元のグループXは、ときたまエネルギー体として働いたり、ときには物質化してウィルスとして働いたり、ときには悪役の人間の役をすることもあるんだ。

そういう人間にエネルギーが入って、その人間を悪くさせてしまう。

動物たちが突然、おかしな行動を起こすときがあるでしょう。あれも、ボクたちエネルギーが彼らの意識を操作しているんだ。

でも、人類を進化させることしかボクらは関与していないということを

ウィルス君（X）

悪いことだと言われていることも
ボクたちのエネルギーが意識を操作して
やっている。
人類を進化させるためにね！

わかってほしい。

ボクらがやっていることは、今までは人類にとって悪いことだと言われたことはいっぱいあった。

でも、ボクらは、それを地球人が体験することで、最終的にエネルギーを上げることがわかっているから、高次元では未来のシナリオも全部見えてしまうから、そうしているんだ。

パンデミック、急にウィルス感染の流行が起こったり、学級でウィルスが蔓延《まんえん》する。

ある子どもはかかって、ある子どもはかからなかったり、ある年寄りは死んで、ある年寄りは元気なままだというのも、全部その人たちの意識と交流して、ボクたちがかかわることで、その人が一番進化するようにしているんだよ。

ウィルスを受ける人は、受ける必要があって受けるんだけれど、人類の

ウィルス君（X）

**ウィルスの大もと、宇宙の大もとに行くと、
グループXはウィルスにもなれるし、
植物にもなれるし、昆虫にもなれるし、
動物にもなれるし、人間にもなれる。
そういうものをつくり出せるということを
伝えたかった。**

次元が低ければ低いほど、そういうつらい体験をする人がたくさん必要なんです。

今、つらい体験をする人がいっぱいいるから、地球社会は結構大変なんだよ。

ボクらが願うことは、つらい体験をする人が減ること。だから、今ドクタードルフィンが伝えているように、本当のエネルギーの真実を知ってもらいたいということなんだ。

きょう、ドクタードルフィンに森の中で伝えたかったのは、ウィルスの大もとのことなんだ。

ドクタードルフィンは、ウィルスは、エネルギー体とか、体を持っているとか、ウィルスの形態だけだと言っていたけれど、そうではなくて、ウィルスの大もと、宇宙の大もとに行くと、グループXはウィルスにもなれるし、植物にもなれるし、昆虫にもなれるし、動物にもなれるし、人間に

ワンネス、
1つから発生したという考えは
間違いだよ。

もなれる。そういうものをつくり出せるということを伝えたかった。

地球人の意識も、ボクらの意識がコントロールできるんだ。そして、地球人類の意識とボクらの意識は同じものなんだ。

今までいろんなスピリチュアルのリーダーたちが、生命はワンネスで全部同じだと言っていたけれども、意味がわからなかったでしょう。

ワンネス、1つから発生したという考えは間違いだよ。

ドクタードルフィンが言うように、1つの生命には1つのゼロポイントしかなくて、それぞれの発生ポイントは違うけれども、ボクたちみたいにグループXという高次元の集団エネルギーが、植物、動物、人間の生命に影響するエネルギーを持っている。影響するエネルギーがみんな同じところで共鳴するから、結局、同じ宇宙を生きるんだよ」

ドクタードルフィンは、エネルギーの本質は皆さんの個性で違うけれど

ウィルス君（X）

「もっと大事なことを言うね。ボクたちが
地球人に関与するのは、地球人が望んだ
ことだけ。例えばウィルスの脅威を地球
の集合意識が望んでいなかったら、僕ら
は関与しないよ」

も、そのエネルギーに作用するエネルギーと共鳴する同一のものであるという一番大事なことをウィルスX君に教えられました。

D「そうか。僕ドクタードルフィンも、ゼロポイントは、1人1人、自分宇宙で、自分神で、自分の生命は1つしかない、微生物1匹たりとも自分だけだと言ってきたけど、地球人に学ばせてくれる宇宙の集合意識の大もとがあるんだね。

そういうものが人類の大もととつながって、地球人類を全部学ばせてくれるということがわかったよ。ウィルスが脅威を持たせるということは、地球人類が脅威を持つ必要があるということなんだね」

X「もっと大事なことを言うね。ボクたちが地球人に関与するのは、地球人が望んだことだけ。例えばウィルスの脅威を地球の集合意識が望んでいなかったら、ボクらは関与しないよ」

ウィルス君（X）

そうそう、脳で考える世界はウソなんだ。
脳が発達すればするほど
宇宙から遠ざかるんだ。
脳の発達と高次元の進化は
反比例なんだよ。

D「僕は、君の言うことはわかる。僕も本とかいろいろなところで発信しているけど、そんなことを今言っても、地球人は受け入れないんだよ。地球人は脳で考えるからね。

脳はそんなことを体験したくない、そんな脅威なんか要らないと言っているから、彼らはそうは思っていないと思っちゃうんだよね」

X「そうそう、脳で考える世界はウソなんだ。脳が発達すればするほど宇宙から遠ざかるんだ。脳の発達と高次元の進化は反比例なんだよ。

ハハハハ、ボク、知ってるよ。ドクタードルフィンは脳のＭＲＩを撮ると、医者から脳が萎縮してるね、脳が小さいねと言われるものね」

D「バレたか。そうなんだよ。俺は医者にびっくりされるんだ。脳がしわくちゃで小さいんだ。だって、脳を使ってないもん。脳を使っていると高次元とつながらないから、進化しないんだよ」

X「地球人は、脳で怖い、怖いとやるからダメなんだ。脳を捨てるとい

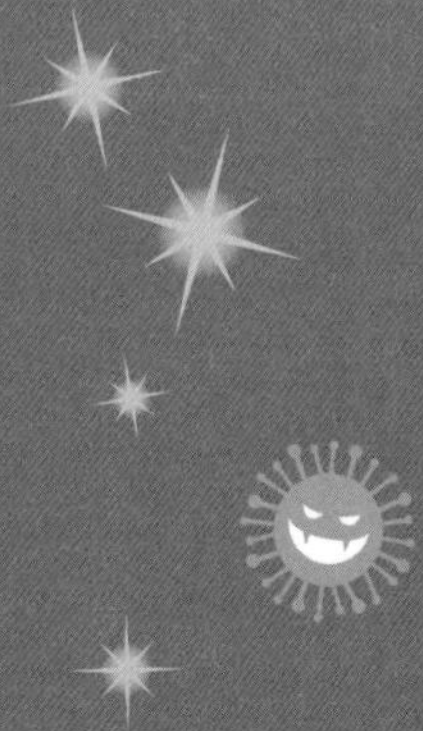

ウィルス君（X）

ボクたちは悪さをしているんじゃなくて、
地球人類たちが望んだことを、
ボクたちが高次元のエネルギーを
3次元に落として、やっているだけのこと
なんだ。

うことは、ドクタードルフィンが言うように、1秒前でなく、1秒後でなく、今ここを生きるということなんだ。脳は発達しないけど松果体が発達して、宇宙の高次元とつながるんだね。

きょう、ボクが登場したのは、ウィルスにも意識があることを人類に証明したかったんだ。ボクたちは悪さをしているんじゃなくて、地球人類たちが望んだことを、ボクたちが高次元のエネルギーを3次元に落として、やっているだけのことなんだ。

ボクはウィルスだからすぐエネルギー体にもなれる。UFOとか宇宙人だと体が大きいから、エネルギー変換するのが大変なんだよ。ボクらウィルスぐらいだったら、いつでも、どこでも、友達のドクタードルフィンのところにでも、やってこれる。

皆さんは、ウィルスは悪さをして、人間に病気を起こすだけと思っているでしょう。そうじゃないよ。急にIQが上がったり、急に能力を発揮し

ウィルス君（X）

ウィルスはDNAに入るから、
DNAを書きかえちゃう。
それによって急に能力を発揮させたり、
眠っていた能力が出る場合があるんだ。

たりするというのも、ボクらのおかげだよ。

エネルギー体もしくはウィルス体として、ウィルスはDNAに入るから、DNAを書きかえちゃう。それによって急に能力を発揮させたり、眠っていた能力が出る場合があるんだ。

善悪はなくて、人類がウィルスを悪役と置いているだけなんだ。

風邪を引くことは悪いことだと思っているよね。でも、人間、死んでいたら風邪を引かないよ。生命力が弱って死にかけているヨボヨボのおじいちゃん、おばあちゃんは、風邪を引かないのよ。

風邪を引くということは細胞が常に進化を求めていて、それを維持して成長させるために起こすプロセスなんだ。

だから、風邪を引いたら赤飯を食え。ハハハハハ、風邪は人類の祝福だ。クルーズ船の中でウィルスにかかった人たちは、お祝いをやればいいんだよ。おめでとう。ウィルスの愛だよ」

ウィルスXの笑い声で、森の2人の戯れは終わりました。パッと目が覚めたら、もう暗くなっていました。目の前に、さっきの映像にあったウィルスも、実際ウィルスも目に見えないけれども、大きいウィルスの死骸の塊があったので、彼らがここにいたんだということがわかりました。

＊　＊　＊

ウィルスは宇宙の叡智をサポートします！

私が直観で感じることですが、ウィルスを制すると人類を制するかもしれません。

ウィルスこそ人類を進化させるキーかもしれない。

彼らは悪役にもなるし、善役にもなります。

今は菊理姫神の壊し役という悪役をやっているけれども、十分壊した後に、いい役をします。

私の言うことを受け入れた人間は、ウィルスにサポートされて次元エネルギーが上がっていきます。

いつまでも3次元にいて、ウィルスが怖いからドクタードルフィンの診療所の予約をキャンセルします、などと、患者さんの、あまりの低次元ぶりに悲しくなります。

ウィルスは愛でいっぱいです。

DNAの二重らせん構造を発見して、ワトソンと一緒にノーベル賞を取ったクリックの最後の研究は、人類の起源は宇宙にあり、宇宙の隕石にくっついたウィルスとして地球上に降り注いだ。生命の起源は宇宙中にある

ウィルス君（X）

私ドクタードルフィンは、
宇宙の叡智とつながって
DNAを書きかえていますが、
その叡智を運んでくるのが
ウィルスのエネルギーかもしれません。

ウィルスだと言っています。

ウィルスは、最も軽量で、最もフレキシブルなエネルギーの運び役なんです。

ウィルスは、エネルギーをＤＮＡまたはＲＮＡに変換して内蔵します。

そういう概念で見れば、ウィルスに対する考え方が一変します。彼らは今、悪役として私たちの高次元エネルギーを目覚めさせてくれています。

宇宙の叡智をサポートするウィルスエネルギーは、ＤＮＡまたはＲＮＡとして人類のＤＮＡに働きかけ、その進化と成長を促しているのです。

能力開花とか能力上昇もウィルスです。

例えば、１００メートルを10秒台でしか走れなかった人が、８秒台、７秒台で走れるようになるのも、ウィルスのエネルギーによるものです。

ウィルスは、私たちの宇宙の叡智をサポートしているのです。

私ドクタードルフィンは、宇宙の叡智とつながってＤＮＡを書きかえていますが、その叡智と共鳴してサポートするのがウィルスのエネルギーなのです。

いまこそ、地球で生きる人類の皆さん、ウィルスの愛を、あなたの愛で受け止めてください。

そして、大きく進化してください。

あなたの次元上昇こそが、ウィルスの喜びなのです。

（了）

菊理姫《ククリヒメ》神降臨なり
松久正《ドクタードルフィン》
菊理姫神入魂の一冊！
この本は
菊理姫神そのもの
至高神 大宇宙大和神である
ドクタードルフィンに、
菊理姫神が降臨し語った全記録
日本書紀にある、醜い黄泉の国の伊弉冉神と逃げ出す伊弉諾神に語った菊理姫神の神言葉を明かす「異次元日本書紀」の歴史的新事実
ヒカルランド

88次元 Fa-A ドクタードルフィン 松久 正

鎌倉ドクタードルフィン診療所院長。日本整形外科学会認定整形外科専門医、日本医師会認定健康スポーツ医、米国公認ドクター オブ カイロプラクティック。慶應義塾大学医学部卒業、米国パーマーカイロプラクティック大学卒業。「地球社会の奇跡はドクタードルフィンの常識」の“ミラクルプロデューサー”。神と宇宙存在を超越し、地球で最も次元の高い存在として、神と高次元存在そして人類と地球の覚醒を担い、社会と医学を次元上昇させる。超高次元エネルギーのサポートを受け、人類をはじめとする地球生命の松果体を覚醒することにより、人類と地球の DNA を書き換える。超次元・超時空間松果体覚醒医学の対面診療には、全国各地・海外からの新規患者予約が数年待ち。世界初の遠隔医学診療を世に発信する。セミナー・講演会、ツアー、スクール（学園、塾）開催、ラジオ、ブログ、メルマガ、動画で活躍中。ドクタードルフィン公式メールマガジン（無料）配信中（HP で登録)、プレミアム動画サロンドクタードルフィン Diamond 倶楽部（有料メンバー制）は随時入会受付中。

多数の著書があり、最新刊は『宇宙の優等生になりたいなら、アウトローの地球人におなりなさい！』(VOICE)『ピラミッド封印解除・超覚醒 明かされる秘密』(青林堂)『宇宙からの覚醒爆弾「炎上チルドレン」』(ヒカルランド)、他に『死と病気は芸術だ！』『シリウス旅行記』『これでいいのだ！ ヘンタイでいいのだ！』『いのちのヌード』(以上 VOICE)『神ドクター Doctor of God』(青林堂)『多次元パラレル自分宇宙』『あなたの宇宙人バイブレーションが覚醒します！』(以上徳間書店)『松果体革命』(2018年度出版社 No.1 ベストセラー)『松果体革命パワーブック』『Dr. ドルフィンの地球人革命』(以上ナチュラルスピリット)『UFO エネルギーと NEO チルドレンと高次元存在が教える地球では誰も知らないこと』『幸せ DNA をオンにするには潜在意識を眠らせなさい』(以上明窓出版)『からまった心と体のほどきかた 古い自分を解き放ち、ほんとうの自分を取りもどす』(PHP 研究所)『ワクワクからぷあぷあへ』(ライトワーカー)『菊理姫（ククリヒメ）神降臨なり』『令和の DNA 0＝∞医学』『ドクタードルフィンの高次元 DNA コード』『ドクター・ドルフィンのシリウス超医学』『水晶（珪素）化する地球人の秘密』『かほなちゃんは、宇宙が選んだ地球の先生』『シリウスがもう止まらない』『ペットと動物のココロが望む世界を創る方法』(以上ヒカルランド）等、話題作を次々と発表。また、『「首の後ろを押す」と病気が治る』は健康本ベストセラーとなっており、『「首の後ろを押す」と病気が勝手に治りだす』(ともにマキノ出版）はその最新版。今後も続々と新刊本を出版予定で、世界で今、最も影響力のある存在である。

公式ホームページ　http://drdolphin.jp/

ウィルスの愛と人類の進化

第一刷　2020年3月31日
第三刷　2020年5月11日

著者　松久　正

発行人　石井健資
発行所　株式会社ヒカルランド
〒162-0821　東京都新宿区津久戸町3-11　TH1ビル6F
電話　03-6265-0852　ファックス　03-6265-0853
http://www.hikaruland.co.jp　info@hikaruland.co.jp
振替　00180-8-496587

本文・カバー・製本　中央精版印刷株式会社
DTP　株式会社キャップス
編集担当　溝口立太／高島敏子

ISBN978-4-86471-870-7

88次元 Fa-A
ドクタードルフィンに降臨！
新次元ネオシリウスからの
高波動エネルギー

新進気鋭の
アーティストによる
美しき
曼荼羅アートの世界

14枚の波動絵＆解説書の豪華 BOX セット！
コロナウィルスを愛の波動に変える！
「人類が救いを必要とする14のテーマ」を網羅した14枚の高次元ネオシリウスエネルギー曼陀羅＋ドクタードルフィンによる解説書が入った豪華セット！
多次元体をヒーリングし、地球人類がシリウス愛の波動へと誘う奇跡のパワーアートグッズ。

シリウスBの皇帝とネオシリウスの女王が降臨！
88次元 Fa-A ドクタードルフィン 松久正氏が、自身のエネルギーそのものである高次元のエネルギー、高次元存在、パラレル存在であるシリウスBの皇帝と、ネオシリウスの女王のエネルギー体を降臨させ、エネルギーを封入！
新進気鋭の曼荼羅アーティスト茶谷洋子氏とのコラボレーションにより、高次元ネオシリウスのエネルギーがパワーアートとなり３次元に形出しされました。

あなたの DNA レベルからエネルギーを書き換える！
二極性ゆえの問題、苦しみ、悩みから自らを解き放つとき、
存在していたはずのネガティブ要素は、瞬時に宇宙へと消えていく！

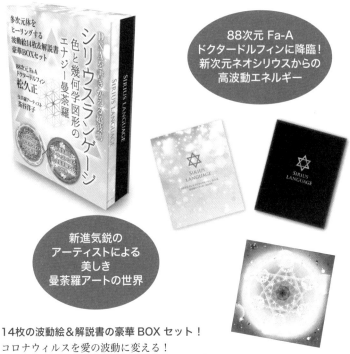

見つめる、身体につける、持ち歩くだけ！
二極性ゆえの“人類劇場”に直接作用し
高次元昇華する14枚の人生処方箋！

【地球人が救いを必要とする14のテーマ】

1、不安・恐怖
2、悲しみ
3、怒り
4、愛の欠乏
5、生きがいの欠如
6、生きる力の欠如
7、直感力の低下
8、人間関係の乱れ
9、自己存在意義の低下
10、美容
11、出世
12、富
13、罪悪感
14、能力

これが
シリウスランゲージのエネルギー曼荼羅カード！

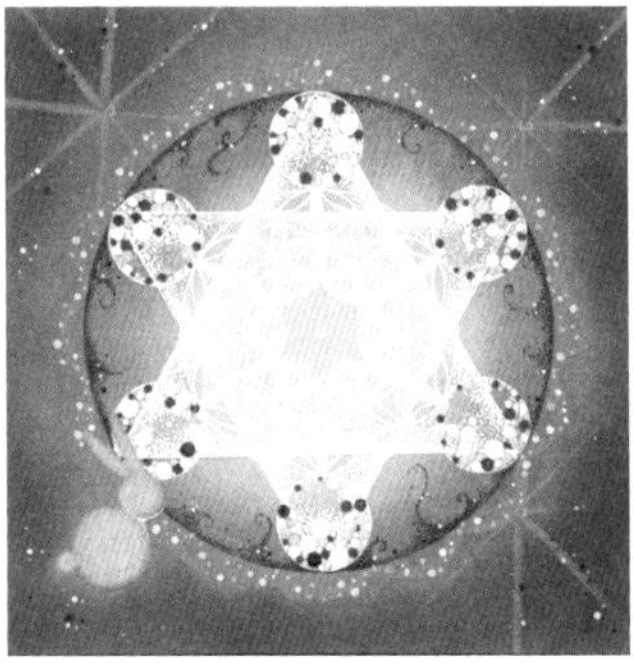

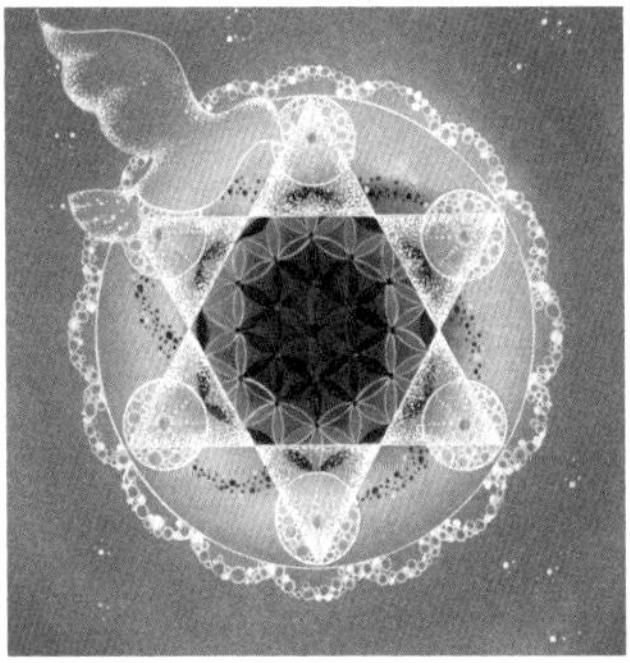

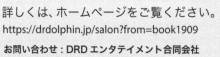

ヒカルランド　好評既刊！

地上の星☆ヒカルランド　銀河より届く愛と叡智の宅配便

令和の
DNA
0＝∞医学
∞ishi ドクタードルフィン
松久 正
Tadashi Matsuhisa
ヒカルランド
0＝∞医学（ゼロ秒・無限大医学）の幕開け！
プロセスとゴールを持たないゼロ秒・無限大の世界
この医学によって世界はひっくり返る

令和のDNA
0＝∞医学
著者：∞ishi ドクタードルフィン 松久 正
四六ハード　本体 1,800円+税

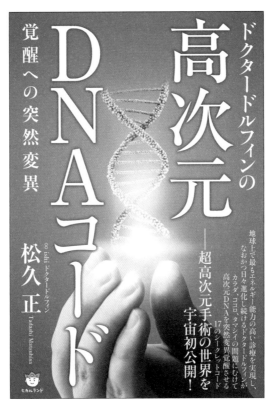

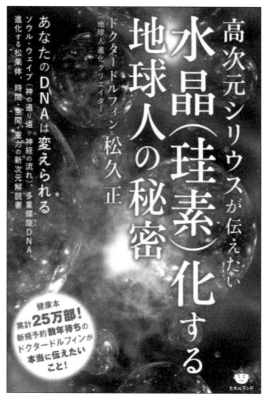

ヒカルランド　好評既刊!

地上の星☆ヒカルランド　銀河より届く愛と叡智の宅配便

ドクター・ドルフィンの
シリウス超医学
地球人の仕組みと進化
∞ishi ドクタードルフィン
松久 正
Tadashi Matsuhisa
高次元サポートと共に
これまで地球になかった
スーパー医療革命
を共有しよう!
著書累計27万部
新規予約数年待ちの
ドクタードルフィンが
ついに語り出した
覚醒の医学の全貌
ヒカルランド

ドクター・ドルフィンの
シリウス超医学
地球人の仕組みと進化
著者：∞ishi ドクタードルフィン 松久 正
四六ハード　本体 1,815円+税

シリウスがもう止まらない
今ここだけの無限大意識へ
著者：松久 正／龍依
四六ソフト　本体 1,815円+税

も効果的とは言えません。また、珪素には他の栄養素の吸収を助け、必要とする各組織に運ぶ役割もあります。そこで開発元では、珪素と一緒に配合するものは何がよいか、その配合率はどれくらいがよいかを追求し、珪素の特長を最大限に引き出す配合を実現。また、健康被害が懸念される添加物は一切使用しない、珪素の原料も安全性をクリアしたものを使うなど、消費者のことを考えた開発を志しています。

手軽に使える液体タイプ、必須栄養素をバランスよく摂れる錠剤タイプ、さらに珪素を使ったお肌に優しいクリームまで、用途にあわせて選べます。

◎ドクタードルフィン先生一押しはコレ！　便利な水溶性珪素「レクステラ」

天然の水晶から抽出された濃縮溶液でドクタードルフィン先生も一番のオススメです。水晶を飲むの？　安全なの？　と思われる方もご安心を。「レクステラ」は水に完全に溶解した状態（アモルファス化）の珪素ですから、体内に石が蓄積するようなことはありません。この水溶性の珪素は、釘を入れても錆びず、油に注ぐと混ざるなど、目に見える実験で珪素の特長がよくわかります。そして、何より使い勝手がよく、あらゆる方法で珪素を摂ることができるのが嬉しい！　いろいろ試しながら珪素のチカラをご体感いただけます。

レクステラ（水溶性珪素）
■ 500mℓ　21,600円（税込）

●使用目安：１日あたり４～16mℓ

飲みものに
・コーヒー、ジュース、お酒などに10～20滴添加。アルカリ性に近くなり身体にやさしくなります。お酒に入れれば、翌朝スッキリ！

食べものに
・ラーメン、味噌汁、ご飯ものなどにワンプッシュ。

料理に
・ボールに１リットルあたり20～30滴入れてつけると洗浄効果が。
・調理の際に入れれば素材の味が引き立ち美味しく変化。
・お米を研ぐときに、20～30滴入れて洗ったり、炊飯時にもワンプッシュ。
・ペットの飲み水や、えさにも５～10滴。(ペットの体重により、調節してください)

【お問い合わせ先】ヒカルランドパーク

＊ご案内の価格、その他情報は発行日時点のものとなります。

ドクタードルフィン先生も太鼓判！
生命維持に必要不可欠な珪素を効率的・安全に補給

◎珪素は人間の健康・美容に必須の自然元素

珪素（イメージ）

地球上でもっとも多く存在している元素は酸素ですが、その次に多いのが珪素だということはあまり知られていません。藻類の一種である珪素は、シリコンとも呼ばれ、自然界に存在する非金属の元素です。長い年月をかけながら海底や湖底・土壌につもり、純度の高い珪素の化石は透明な水晶になります。また、珪素には土壌や鉱物に結晶化した状態で存在している水晶のような鉱物由来のものと、籾殻のように微生物や植物酵素によって非結晶になった状態で存在している植物由来の２種類に分けられます。
そんな珪素が今健康・美容業界で注目を集めています。もともと地球上に多く存在することからも、生物にとって重要なことは推測できますが、心臓や肝臓、肺といった「臓器」、血管や神経、リンパといった「器官」、さらに、皮膚や髪、爪など、人体が構成される段階で欠かせない第14番目の自然元素として、体と心が必要とする唯一無比の役割を果たしています。
珪素は人間の体内にも存在しますが、近年は食生活や生活習慣の変化などによって珪素不足の人が増え続け、日本人のほぼ全員が珪素不足に陥っているとの調査報告もあります。また、珪素は加齢とともに減少していきます。体内の珪素が欠乏すると、偏頭痛、肩こり、肌荒れ、抜け毛、骨の劣化、血管に脂肪がつきやすくなるなど、様々な不調や老化の原因になります。しかし、食品に含まれる珪素の量はごくわずか。食事で十分な量の珪素を補うことはとても困難です。そこで、健康を維持し若々しく充実した人生を送るためにも、珪素をいかに効率的に摂っていくかが求められてきます。

こんなに期待できる！　珪素のチカラ

●健康サポート　●ダイエット補助（脂肪分解）　●お悩み肌の方に
●ミトコンドリアの活性化　●静菌作用　●デトックス効果
●消炎性／抗酸化　●細胞の賦活性　●腸内の活性　●ミネラル補給
●叡智の供給源・松果体の活性　●免疫の司令塔・胸腺の活性　●再生作用

◎安全・効果的・高品質！　珪素補給に最適な「レクステラ」シリーズ

珪素を安全かつ効率的に補給できるよう研究に研究を重ね、たゆまない品質向上への取り組みによって製品化された「レクステラ」シリーズは、ドクタードルフィン先生もお気に入りの、オススメのブランドです。
珪素は体に重要ではありますが、体内の主要成分ではなく、珪素だけを多量に摂って

「ドクターレックス プレミアム」、「レクステラ プレミアムセブン」、どちらも毎日お召し上がりいただくことをおすすめしますが、毎日の併用が難しいという場合は「ドクターレックス プレミアム」を基本としてお使いいただくことで、体の基礎を整えるための栄養素をバランスよく補うことができます。「レクステラ プレミアムセブン」は、どんよりとした日やここぞというときに、スポット的にお使いいただくのがおすすめです。

また、どちらか一方を選ぶ場合、栄養バランスを重視する方は「ドクターレックス プレミアム」、全体的な健康と基礎サポートを目指す方は「レクステラ プレミアムセブン」という使い方がおすすめです。

◎すこやかな皮膚を保つために最適な珪素クリーム

皮膚の形成に欠かせない必須ミネラルの一つである珪素は、すこやかな皮膚を保つために欠かせません。「レクステラ クリーム」は、全身に使える天然ミネラルクリームです。珪素はもちろん、数百キロの原料を精製・濃縮し、最終的にはわずか数キロしか取れない貴重な天然ミネラルを配合しています。合成着色料や香料などは使用せずに、原料から製造まで一貫して日本国内にこだわっています。濃縮されたクリームですので、そのまま塗布しても構いませんが、小豆大のクリームを手のひらに取り、精製水や化粧水と混ぜて乳液状にしてお使いいただくのもおすすめです。お肌のコンディションを選ばずに、老若男女どなたにも安心してお使いいただけます。

レクステラ クリーム
■ 50g　12,573円（税込）

●主な成分：水溶性濃縮珪素、天然ミネラル（約17種類配合）、金（ゴールド・ナノコロイド）、ヒアルロン酸、アルガンオイル、スクワラン、プロポリス、ホホバオイル、ミツロウ、シロキクラゲ多糖体
●使用目安：2～3か月（フェイシャルケア）、約1か月（全身ケア）

＊ご案内の価格、その他情報は発行日時点のものとなります。

◎植物性珪素と17種類の必須栄養素をバランスよく摂取

基準値量をクリアした、消費者庁が定める17種類の必須栄養素を含む、厳選された22の成分を配合したオールインワン・バランス栄養機能食品。体にはバランスのとれた食事が必要です。しかし、あらゆる栄養を同時に摂ろうとすれば、莫大な食費と手間がかかってしまうのも事実。医師監修のもと開発された「ドクターレックス プレミアム」なら、バランスのよい栄養補給ができ、健康の基礎をサポートします。

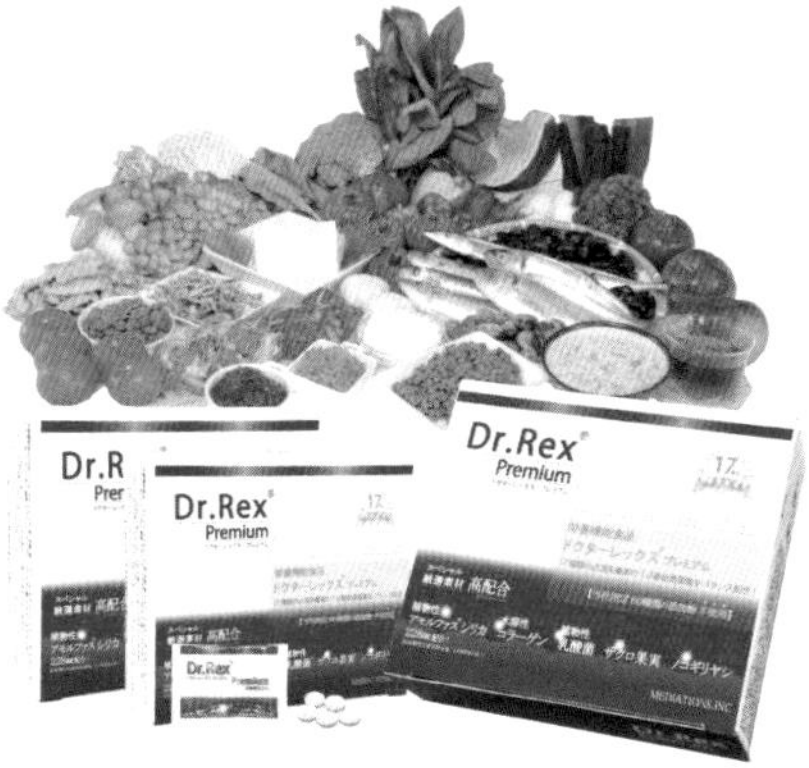

ドクターレックス プレミアム
■5粒×30包　8,640円（税込）

●配合成分：植物性珪素、植物性乳酸菌、フィッシュコラーゲン、ザクロ果実、ノコギリヤシ、カルシウム、マグネシウム、鉄、亜鉛、銅、ビタミンＡ・Ｃ・Ｅ・Ｄ・B_1・B_2・B_6・B_{12}、パントテン酸、ビオチン、ナイアシン、葉酸
●使用目安：１日あたり２包（栄養機能食品として）

◎珪素をはじめとする厳選した７成分で打ち勝つ力を強力サポート！

人体の臓器・器官を構成する「珪素」を手軽に補える錠剤タイプの「レクステラ プレミアムセブン」。高配合の植物性珪素を主体に、長年の本格研究によって数々の研究成果が発表された姫マツタケ、霊芝、フコイダン、β－グルカン、プロポリス、乳酸菌を贅沢に配合。相乗効果を期待した黄金比率が、あなたの健康を強力にサポートします。

レクステラ プレミアムセブン
■180粒　21,600円（税込）

●配合成分：植物性珪素、姫マツタケ、オキナワモズク由来フコイダン、直井霊芝、ブラジル産プロポリス、乳酸菌KT-11（クリスパタス菌）、β－グルカン（β-1,3/1,6）
●使用目安：１日６粒～

＼世界初！／
ペットの望みを叶える、ミラクルな水晶チャーム

『ペットと動物のココロが望む世界を創る方法』の対談の最後に話題になったペット用の水晶チャームが、本の発売直前に完成しました。犬、猫の首輪やハーネス、または衣服に、着用させてください。飼い主さんの犬猫バッグにつけるのもオススメです。チャームは、ドクタードルフィンの松果体覚醒エネルギーが注入された、ペットや動物の松果体を開くミラクルグッズです。きっと、あなたのワンちゃんやニャンちゃんは、松果体のポータルがたっぷり開くことでしょう。ドクタードルフィン HP 公式ショップまたはヒカルランドショップにて、お求めいただけます。

ドクタードルフィン
松久 正

チャームをつけて愛犬の朝の散歩をしたのですが、いつもだと、前に行きたくて私を少し引っ張る感があるのですが、今朝は、驚くことに、私とペースを合わせ、引っ張らずに、お互い一緒に心地よく歩くことができました。これも、チャームの着用により、お互いの意識が共鳴したのかもしれません。

佐々木純さん

松果体活性が人間だけではなく動物にもできることを先生におうかがいし、新鮮な驚きとうれしさがありました。動物だって自分らしくしあわせに生きたいはずです。飼い主と動物がお互いに心を通わせて生活できたら、すばらしいことです。わが家でも２匹の犬を飼っていますので、さっそく先生が考案した松果体水晶チャームを身につけさせたいと思います。

ご購入は、ドクタードルフィン公式サイトのショップで、どうぞ！
URL：https://drdolphin.jp/shop
【お問い合わせ先】オフィシャルショップ受付窓口
電話：0467-55-5441（平日10時－18時）

ヒカルランドパーク取扱い商品に関するお問い合わせ等は
電話：03－5225－2671（平日10時－17時）
メール：info@hikarulandpark.jp　URL：http://www.hikaruland.co.jp/

＊ご案内の価格、その他情報は発行日時点のものとなります。

ドクタードルフィン公式 HP ショップにて販売
（ヒカルランドからもご購入いただけます）

価格　78,000円（税別）
サイズ　15×20㎜（本体）
素材　水晶

ドクタードルフィンの ペット用水晶チャーム

「松ぼっくり」をモチーフにしたペット用の水晶チャームです。ドクタードルフィンのエネルギーが注入された水晶を身につけさせることで、ペットの松果体をより高いエネルギーと共鳴させ、活性化させることを目的とします。「松ぼっくり」をモチーフにしたのは、松果体が松ぼっくりの形に似ていることから。水晶は、松果体と同様、奇跡の元素「珪素」で構成され、生命にとって必要とされる知識と情報として、松果体から供給される宇宙の叡智を、パワーアップしてくれます。生命により所有された水晶は、その生命が松果体で最高の叡智を受け取れるよう、強力にサポートしてくれるのです。

使い方、いろいろ！
- 首輪・ハーネスにつけて。
- ペット用バッグにつけて。

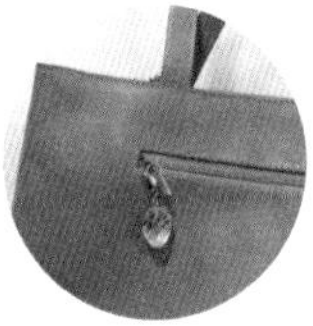

チャームを取りつけるものの形状によって、写真のように市販の金具を利用しても。

リボンにつけてもカワイイ！

チェーンにも！

ハーネスに付けても！

自然の中にいるような心地よさと開放感が あなたにキセキを起こします

神楽坂ヒカルランドみらくるの1階は、自然の生命活性エネルギーと肉体との交流を目的に創られた、奇跡の杉の空間です。私たちの生活の周りには多くの木材が使われていますが、そのどれもが高温乾燥・薬剤塗布により微生物がいなくなった、本来もっているはずの薬効を封じられているものばかりです。神楽坂ヒカルランドみらくるの床、壁などの内装に使用しているのは、すべて45℃のほどよい環境でやさしくじっくり乾燥させた日本の杉材。しかもこの乾燥室さえも木材で作られた特別なものです。水分だけがなくなった杉材の中では、微生物や酵素が生きています。さらに、室内の冷暖房には従来のエアコンとはまったく異なるコンセプトで作られた特製の光冷暖房機を採用しています。この光冷暖は部屋全体に施された漆喰との共鳴反応によって、自然そのもののような心地よさを再現。森林浴をしているような開放感に包まれます。

みらくるな変化を起こす施術やイベントが 自由なあなたへと解放します

ヒカルランドで出版された著者の先生方やご縁のあった先生方のセッションが受けられる、お話が聞けるイベントを不定期開催しています。カラダとココロ、そして魂と向き合い、解放される、かけがえのない時間です。詳細はホームページ、またはメールマガジン、SNSなどでお知らせします。

神楽坂ヒカルランド みらくる《Shopping & Healing》大好評営業中!!

宇宙の愛をカタチにする出版社　ヒカルランドがプロデュースしたヒーリングサロン、神楽坂ヒカルランドみらくるは、宇宙の愛と癒しをカタチにしていくヒーリング☆エンターテインメントの殿堂を目指しています。カラダやココロ、魂が喜ぶ波動ヒーリングの逸品機器が、あなたの毎日をハピハピに！　AWG、メタトロン、音響免疫チェア、ブルーライト、ブレインパワートレーナーなどなど……これほどそろっている場所は他にないかもしれません。まさに世界にここだけ、宇宙にここだけの場所。ソマチッドも観察でき、カラダの中の宇宙を体感できます！　専門のスタッフがあなたの好奇心に応え、ぴったりのセラピーをご案内します。セラピーをご希望の方は、ホームページからのご予約のほか、メールで info@hikarulandmarket.com、またはお電話で03-5579-8948へ、ご希望の施術内容、日時、お名前、お電話番号をお知らせくださいませ。あなたにキセキが起こる場所☆神楽坂ヒカルランドみらくるで、みなさまをお待ちしております！

地上の星☆ヒカルランド　銀河より届く愛と叡智の宅配便

宇宙からの覚醒爆弾
『炎上チルドレン』
著者：松久 正／池川 明／高橋 徳／胡桃のお／大久保真理／
小笠原英晃
四六ソフト　本体 1,800円+税